權力密碼

當歷史遇見經濟學

王偉——著

前言

歷史與「智慧經濟」

對普通人來說，「歷史」究竟有多大的實際意義？是故事典故？還是傳統文化？抑或是告訴我們祖上曾經多「闊」，來增加自豪感和自信心？

恐怕不只如此。

如果我們換個說法，用這樣的標題：某富二代不安現狀，拋家捨業出國求學，完成史上最成功的改制重組，讓瀕臨倒閉的企業一夜成為行業龍頭老大——這一聽就是經典案例+勵志雞湯，但其實我們要說的是「商鞅變法」；管理層急功近利，忽視風險評估，輕率接手不良資產，最終導致企業嚴重虧損、倒閉——這其實說的是秦趙「長平之戰」；精準行銷推廣，在不做線下活動的情況下，建立牢固的基本盤——這說的不是哪個IT公司，而是呂不韋搞的「一字千金」。

以上這些，其實都不是標題黨，它們都是歷史上發生過的事。歷史的價值，其實取決於你怎麼看和看什麼。在決策、規畫、管理等軟科學的範疇裡，經驗總結和案例分析起著至關重要的作用，歷史最現實的意義，恰恰在於為我們提供大量的操作案例用以參考。

有意思的是，和明清時代相比，兩三千年前中國人的生活模式和思維方式反倒更像是現代人。在夏商周到春秋戰國這段時期裡，中國和我們印象裡的完全不一樣。春秋戰國時期，中國社會正處於文化多元化的時代，也就是課本裡說的「百家爭鳴」。中國古人的思維方式其實更接近於現在歐美國家的人，即普遍是直線條思維，崇尚實力，看重實際利益，行事風格更加務實簡練。

當時的人們遠比後世更看重個性尊嚴和個人自由，「君君臣臣、父父子子」那一套在當時還沒形成，即便是一國之主，也必須要顧忌平民階層的輿論。君臣之間更是平起平坐，你作揖他必須起身還禮。社會階層固化的問題也沒有明清那麼嚴重——春秋戰國時代「草根逆襲」的成功率遠要高於後來的朝代。甚至於男女兩性關係，開放程度也遠比現今人們想像的要大得多。

更重要的是，那個時代，邦國之間競爭的殘酷遠甚於後世。相傳夏朝時天下的諸侯國有上萬個，商朝時只剩下千餘個，到周朝開國又減少到了百來個，而到了戰國時代，就只剩下七大國外加幾個小國。如果我們把每一個諸侯國看成是一個創業公司，國君就是老總，臣子是中高層，百姓則是員工，那麼得出來的結論是什麼？結論就是，經過千年的殘酷淘汰，能走到最後的諸侯國，靠的絕不是運氣，而是智慧。那麼他們成功和失敗的經驗教訓，對於今天的我們而言，顯然是一筆巨大的財富。

歸結起來，其實這本書所要帶給您的，正是歷史中的「智慧經濟學」。

目錄

權力，人所欲也

底牌是定好了的

想成大事，得知道這些

背後有人，才好做事

權力，人所欲也

所謂陽謀，就是根據現有條件，
在不影響別人也不依賴別人的前提下，
因勢利導、光明正大地通過改變自己的資源配置，
來達成自己的目標。
通俗點說就是：立足自身，固本培元。
而所謂法制，就是要把大到國家行為、小到個人言行，
都納入一個明晰、公開的法律體系當中，統一加以規範。

大禹治水 ◎ 掌握實質性權力

所謂「權力」，說得直白點，就是你可以讓別人去做他不喜歡做的事，比如主管有權要求我們加班，國家有權向個人徵收財物做為稅款。這就是權力的實質，也是權力的可怕之處。

掌握權力，光靠一紙委任、一個圖章是遠遠不夠的。這個話題，咱們需要從四千多年前的大禹治水開始說起。

我們都知道「大禹治水，三過家門而不入」的典故，也知道舜把權力禪讓給大禹，然後禹傳子開始了家天下的模式。事實上，從古至今，權力永遠也不會這麼輕鬆就可以獲得。大禹治水的過程，本身就是一個逐步掌握實質性權力的過程，沒有這個過程，永遠不要奢望別人會把權力主動交到你手裡。

在四千多年以前，中國北方的地理環境，和我們現在看到的樣子完全是兩回事。那個時候全球平均氣溫比現在要高二到三攝氏度，西北地區到處是原始森林，河南省遍地跑著犀牛和大象，北京二環能看見野生鴕鳥，黃河裡游著兩三米長的大鱷魚……

氣候溫暖濕潤不缺水，不但不缺，而且還經常發大水。現在考古發現的遺跡，基本都和古代的文獻對應得上，由此我們可以斷定，當時確實發生過大洪水。

所謂「大禹治水」，其實就是對黃河的全流域治理。因為局部河段整治根本防不住大洪水，現在也是如此，所以政府才設立「國家防汛抗旱指揮中心」。黃河全流域治理即便是放在現在，也絕對是國家級的大工程，而在四千多年以前，這個工程更是需要集中華夏族的全部力量才能搞起來。

當時還沒有國家的概念，人們都是以部族為單位湊在一起過日子。大禹既是黃河全流域治理的總指揮，也是他自己部族的首領。在治水過程中，大禹肯定要協調沿河的各個部族，於是就建立了最早的上下級服從體制，所有部族都必須聽大禹的命令；參與治水的這些人肯定要脫產，他們的吃喝就只能靠其他人來保障，於是產生了最早的稅收；治水過程中肯定會遇到不服管的部族，管不服就得開打，於是大禹就建立了最早的常備軍；要治水肯定得勘察地形，這一趟下來，等於是做了最早的國土普查；勘察完了，為了便於管理，大禹把這些土地分為九州，這就有了最早的行政區畫；治水過程中肯定會有不少人偷奸耍滑，既要懲治這些人也要為其他人立規矩，於是就又有了最早的司法體制；大水退了之後，需要重新畫分土地搞災後重建，於是有了最早的土地所有制度——井田制。

大禹治水一共治了十三年，十三年下來，大禹不光治理了黃河，建立了威信，也在自己手裡形成了一個完整的政權體系。這套體系包括職業官僚、手工匠人、職業軍人等，這些人都不再下地種田，他們的生存完全依賴大禹手中的這套體制。當大夥都依靠你才有飯吃的時候，你就已經掌握了一部分實質權力。這就好比現在的一個團隊，其中總會有幾個技術方面的靈魂級人物，一旦離開他們，很大一部分項目將進行不下去。在這種情況下，無論他們名義上是什麼職務，實質上的發言權往往都會多過其他人。反過來，從團隊負責人的角度來看，應該儘量避免團隊的生存完全依賴一個靈魂人物，最好是能保持兩到三個技術核心人物，否則負責人就會面臨名不副實的問題，管理必然會出現混亂，於人於己這都不是好事。當然，這種「強者」太多，也同樣不利於團隊運作，這一點我們日後會說到。

除此以外，在治水的過程中，大禹也擁有了自己堅定的政治盟友——伯益部族，這個部族的後代我們應該非常熟悉，就是他們建立了大秦帝國。

大禹和他父親鯀能指揮治水，除了個人才智之外，一個最重要的因素就是禹部族是當時最強大的部族之一。伯益部族在實力上與禹部族則不相上下，而牢固的基本盤和牢固的同盟者，恰恰是實質性權力中至關重要的組成部分。

如今西方國家的總統大選經常搞得充滿懸念，可是資助這些政治家的大財團，翻來覆去其實就是那麼幾個。萬變不離其宗，這些大財團之間往往有比較穩定的同盟關係，這其中的道理其實是一樣的。大財團的掌控者們未必會在政府中擔任什麼職務，但這並不妨礙他們對國家事務施加影響力，做官對他們來說不過是個手段問題，做不做完全看具體的需要。

在職場，必要的人脈和盟友對權力而言也同樣是必不可少的。眾多空降下來的管理者，如果缺乏自己的基本盤和盟友，那麼必然會導致權力難以名實相副。

一直以來，說到禪讓，我們都會覺得這是一個近乎理想的權力交接過程，其實真實情況遠沒有這麼美好。有人的地方必然就有政治，有政治就必然有鬥爭，從古至今，這一點從未改變過。舜帝並不是在治水完成以後就主動讓賢的。那個時候帝王是靠各部族公推出來的，有點類似於現在的選舉，只不過那時是以部族為單位來進行投票的。大多數部族都選擇了支持大禹，這才有了後面的禪讓。而這個支持，正是由於在此之前大禹已經掌握了實質性的權力，可以影響到各部族的利益得失。

治水成功以後，大禹隨即在會稽山召集諸侯，由他來主持祭祀天帝。在古代，組織祭祀是權威性的體現，其實現在也一樣，農村祭祖，主祭的肯定是家族裡最有威望的長輩。當時舜帝還在位，從法理上說，大禹的這個行為是不合規矩的，甚至可以視為僭越，可是諸侯們誰也沒說什麼，都乖乖地去了。唯獨防風氏這一族，也就是現在汪姓的先祖，他們不服氣。但他們也不敢不來，只能用故意遲到，不痛不癢地「懟」了大禹一次。

大禹的處理方式卻異常激烈，他直接下令把防風氏的首領處死，然後將屍體大卸八塊。這個處置手段同樣是不合規矩的。理論上說，大禹和防風氏首領是平級的，他們是兩個不同部族的首領。可是大禹就這麼幹了，而且各路諸侯對此都予以默認，這就是實質性權力的威力，在極端的情況下，它甚至可以不需要任何程序上的支持。一旦領導者的地位在事實上被架空，千萬不要指望紙上的程序可以幫到你什麼。

大禹之所以這麼做，其實意在立威。權力的實質不是你能做你想做的事，而是你可以讓別人做他不想做的事。這一點，從古至今同樣從未改變過。要真正掌握權力，你總要有那麼幾次做「惡人」的時候，這一點是無法回避的。一些處於中層的管理者，出於個性或是不想得罪人的考慮，總是自覺不自覺地想做「善人」、「好人」。可是在不知不覺中，自己的權威性卻在一點點被削弱，因為你背離了權力的本質，權力自然也就會背離你。

會稽山祭祀之後，大禹很快就有了新的舉動。他把華夏各部族組成聯軍，向南方的三苗部族開戰。三苗是華夏族之外的南方蠻族。隨著戰爭的爆發，在治水期間形成的國家機器再一次發揮出了效能。眾多的官員和軍人通過戰爭獲得了戰功，進而獲得了獎賞，而這些獎勵，最終又是從禹王手裡獲得的，這就進一步強化了他們對大禹的忠誠度。

都說生命在於運動，其實權力也一樣是喜動不喜靜，或者說，權力在於折騰。對於被管理者而言，權力的表象其實就是「賞罰」兩個字，無論是賞還是罰，都只有動起來，只有開始做事才有從談起。過分地強調「蕭規曹隨」、「無為而治」，最終必然會侵蝕你手中的實質性權力。因為在眾人看來，大家無非是按規矩做事，按規矩吃飯，沒賞沒罰，管理者的存在也就失去了現實意義。因此，無論是從保持權威性，還是保持團隊活力來考慮，每隔一段時間，管理者適當地給大家找點事做，無論這些事是否有實際的意義，對團隊來說都不會是一件壞事。

當大禹接替舜帝成為新的華夏族首領已經毫無懸念，之後舜帝的所謂禪讓，實質上不過是走了一個法律層面的程序而已。

我們總結一下會發現，名義上的權力來自上層，而實質性的權力則來自下層：你需要能讓跟著你的人有飯吃有錢拿；你需要擁有必要的人脈網路；你需要在關鍵時刻敢於做「惡人」。而即便獲得了實質權力，也需要時時動一動，做到「流水不腐，戶樞不蠹」。

而在四千年前，大禹恰恰完美地踐行了這幾點，最終他取代了舜帝，成為華夏族最後一個公推的首領。之後他又利用自己的絕對權威，打破慣例，直接將位置傳給了自己的兒子啟，中國歷史上第一個以血統傳承的朝代——夏朝，由此誕生。

注

準確地說，在當時，牽頭聯合治水的是一個由四大部族組成的聯盟，他們的首領分別是：居於領導核心的禹，以及契、稷、伯益。有意思的是，這四位正分別是後世夏、商、周、秦四朝的先祖。

治水工程完結之後，四大部族都接受了舜帝的賜姓：禹部族姒姓；契部族子姓；稷部族姬姓；皋陶、伯益部族嬴姓。

最早的「姓」與後世所言並不是一個概念，這是一個貴族才有的概念，普通人是沒有「姓」的。此外，「姓」由一族人所共有，一族有姓，即說明他們對所在區域擁有一般人所沒有的榮譽和權力，也就是說，姒、子、姬、嬴四族是當時中國最為顯赫的大族。

至於所謂某某氏，其實要看你所在的地方，比如商鞅，最早在衛國，所以叫衛鞅，得了商於封地以後，就改稱商鞅。

又比如始皇帝嬴政。武王滅商以後，因為嬴姓部族站錯了隊，被周人流放，其中一支到了後來的趙國，所以他們就是嬴姓趙氏，另一支去了後來的秦國，嚴格來說就是嬴姓秦氏。有人認為嬴政其實應該叫「趙政」，其實在他回國以後，叫他「秦政」可能還更靠譜一點。當然，做為王室成員，當時人家真正的稱謂應該是「秦王子政」，繼位之後，就該叫「秦王政」。

同理，《封神榜》裡著名的反派「崇侯虎」，在歷史上確有其人，這個稱呼並不是說他姓「崇」，真正的意思是：崇國國君、爵位為侯爵、名「虎」。

不過為了不讓讀者在閱讀時產生混亂，所以書中的稱謂都是按照我們通常的習慣來的。

另外值得一提的是，中國的姓氏體系自春秋時代就開始趨於模糊，到戰國後期，已經基本實現了姓、氏融合，人人有姓（日本到明治維新以後才開始人人有姓）。

紂王自焚 背鍋俠能力太強

有一部火紅的國產電視劇《人民的名義》，裡面人氣最高的角色不是配角就是反派，比如著名的背鍋俠李達康書記。我們這裡也要說一個背鍋俠的故事，主角就是背鍋俠的祖宗商紂王。我們印象裡的商紂王，既是暴君又是昏君，從周武王滅商算下來，紂王的這個鍋一背就背了三千多年。

多數人對商朝和紂王的印象都是從電視劇《封神榜》裡獲得的，用現在的時髦說法，《封神榜》應該叫「大型玄幻仙俠古裝劇」。它的原型《封神演義》（也稱《封神榜》）只是一部小說，作者許仲琳是明朝人，距離紂王的年代差了三千年。《封神演義》是根據民間傳說來寫的，拿它看商朝和拿《西遊記》看唐朝一樣不靠譜。

按照周秦時代的文獻記載，歷史上真正的商紂王，其實是一個少有的「強者」。史書對紂王是這麼描述的：博聞廣識、反應機敏、能言善辯；孔武有力，能赤手空拳制伏猛獸。簡單概括就是文武雙全，而且很可能還是個偏硬漢形象的大帥哥。這樣一個能力不凡的君王，為什麼最後卻落個國破身死的下場呢？其實這一點也不奇怪。要瞭解事實真相，我們要先把幾個概念明確一下：品行、能力、實力和大環境。

事實上，品行好、能力強的人從來不是理所應當就該成功的。對於一個君王而言，私德這個東西，討論的意義並不大，他好不好色，生活奢不奢侈，其實跟國家治理得好不好沒太大關係。所謂家天下，整個國家都是他們家的，從動機上說，無論如何，他都沒有理由禍害自己家的產業。在一個國家的範圍內，如果拋開能力而言，君王的私德再好也惠及不了幾個人，不好也禍害不了幾個人，真正能影響一國的，是看他能不能協調好各階層之間的利益平衡。對普通人而言，我們當然絕不能忽視道德的價值，在人與人的交往中，這是一個決定性的因素。但我們也必須清楚，對一個人道德的評判絕不能代替對他個人能力和利益取向的判斷。而對一個管理者來說，用一個「好人」和用對了人，往往並不存在必然聯繫。

關於能力，前面我們已經說過，商紂王的個人能力其實是非常強悍的——能文能武。

至於實力，從現今出土的文物和當時的文獻記載來看，商朝的文明程度和綜合國力遠遠強過周，問題是，國家的實力強不等於國君的實力就一定強。夏商周時期的國家其實就像是現在的股份有限公司，國君就是董事長，貴族是董事會的大股東，但是董事長手裡的股權比重其實並不大，遠遠達不到對什麼事情都能一票否決。我們前面一直強調說，兩三千年前中國人的生活狀態其實更接近現在人的生活狀態，因為無論那時還是現在，領導者都很少能做到說一不二。

而最大的問題是出在大環境上。商紂王從他父親子羨手裡接手這個全中國最大的股份公司的時候，其實公司的情況並不怎麼好，甚至可以說是內憂外患。東面有東夷族不斷叛亂，西面的西岐，也就是周方國，也開始蠢蠢欲動。最早的時候，周和商的關係有點像安祿山和李唐的關係，所不同的是那個時候周的自主權更大，算是一家小公司對另一家大公司參股，商連控股權都算不上。

初期兩家基本算是相安無事，隨著周的實力越來越強，商開始坐不住了，最終兩邊的關係徹底破裂。周文王姬昌的父親季曆就是死在商紂王的爺爺文丁手裡的，兩家至此成了世仇。

而商朝內部，用現在的話說，當時正面臨著既得利益集團尾大不掉的問題。貴族把持著國家大部分的財富和政治權力，百姓的不滿情緒在不斷積累，而最終要為這個局面埋單的只能是紂王他們一家。

紂王登基以後，很快就在內政外交上有了一系列的新舉措。對外，開始集中力量征討東夷族叛亂。我們知道，任何時候，對國家和企業而言，兩線作戰、腹背受敵是最麻煩的。這種時候，把握好時間差，集中力量先解決掉相對弱勢的問題可能是最好的方案，雖然這樣明顯帶有賭的性質，但是至少贏的概率還是比較大的，如果不賭，那就只能等死。而且這個時候商的實力不弱，早賭好過晚賭，再晚幾年，國家在眾多貴族既得利益集團的拖累下，可能連賭的資格都沒有了。

這就牽涉到了另一個問題——內政。紂王登基以後，隨即開始對壟斷政治資源的貴族下手。當時商朝的官位事實上已經都成世襲的了，丞相的兒子還是丞相，將軍的兒子還是將軍。紂王登基以後，一方面打壓貴族出身的官員，一方面開始大量從平民甚至奴隸階層選拔人才，同時還宣佈，貴族的奴隸只要進入朝廷，就可以算自由民。這從人性、從文明角度來說顯然是歷史的進步。而當時紂王的考慮，應該說更具體，從草根階層選拔人才，可以給早已腐朽的官場注入新鮮血液，打破既得利益階層對權力的壟斷。而奴隸在當時，本質上是貴族重要的私有財產，給奴隸自由也是在削減貴族手裡的資源。《封神榜》裡說紂王濫殺大臣，原因追根溯源其實就是從這來的。

除此以外，紂王還開始逐漸減少祭祀活動。那時候，人們一度非常迷信神鬼，當時大到打仗，小到蓋房子都要占卜，這導致祭司們手裡掌握了大量的權力。就算國君心知肚明占卜是怎麼回事，可是為了穩定人心，占卜是不能廢除的。導致的結果就是，一件事最後能不能辦成，很大程度上全憑祭司的一張嘴，他要是說占卜結果是「大凶」，這事還怎麼做？之前的歷代商王都是以妥協的方式來解決這個問題。可是到了紂王這一代，已經沒有時間也沒資源來和稀泥，那麼最好的辦法就是硬「懟」，直接宣佈所有人都不許再信這一套，這件事按現在的說法應該叫「移風易俗」和「反對封建迷信」。可以說商紂王的眼光非常準，他的幾項改革措施都直擊要害，可是正因為他看得實在太準了，才導致了後面一系列悲劇。

紂王登基以後，隨即開始大刀闊斧地改革弊政。弊政本質上就是既得利益集團早已駕輕就熟的獲利工具，你把它革掉實質上就是斷人財路，對上層而言，這可比殺人父母都要嚴重。在和貴族的權力鬥爭中，紂王已經對不少元老大臣開了殺戒，可照樣還是壓制不住對方的反撲。前面我們提過，商朝本質上就是一個股份公司，而商紂王做為董事長根本做不到絕對控股。

就在這個時候，周武王開始率軍東進，這就是後世所說的武王伐紂。在出兵之前，周武王姬發給紂王列出六條罪狀：

1. 好喝酒。
2. 聽信婦人言。
3. 自信有天命。
4. 不祭祀神明祖先。
5. 不重用貴族。

6.任用「小人」。

前面幾條顯然都是拿來湊數的，關鍵在於後兩條。在古漢語裡，「君子」和「小人」的意思最早不是說道德水準的好壞，而是指社會地位，所謂小人其實就是指草根階層。周武王的這幾句話顯然不是說給自己人聽的，而是說給商朝的貴族們聽的。他是在提醒這些貴族，紂王才是那個斷了他們財路的敵人。周武王的話還有一層意思，既然我說紂王的改革舉措是錯的，那麼今後如果我得了天下，就會把紂王的改革廢除掉。果不其然，大量的商朝貴族背叛了紂王，這裡面級別最高的是商紂王同父異母的哥哥微子。

眾多貴族官員的叛變，導致了商王朝的國家機器徹底癱瘓。我們可以想像一下，周的好幾萬軍隊從現在的陝西省寶雞市出發，一路連打帶殺，不遠萬里推進到河南新鄉。這麼遠的距離，這麼大的動靜，紂王卻一直被蒙在鼓裡，始終把主力軍隊放在東部和東夷族打仗，唯一的解釋是，朝廷內部已經沒幾個真正的自己人了。

後來的故事大家都知道，紂王臨時拼湊軍隊和周的軍隊進行了一場極為慘烈的決戰，也就是牧野之戰，「流血漂杵」這個成語說的就是這件事。戰敗後，紂王為了維護自己做為君王的最後尊嚴，選擇和自己最心愛的兩個妃子一起自焚而死。人要是想自殺，其實辦法很多，自焚是最痛苦的一種。紂王之所以選擇這麼慘烈的死法，就是為了徹底毀掉自己的屍體，讓周武王連拿著自己首級炫耀的機會都沒有。

分析到這裡，我們發現商紂王所做的每一件事其實都是正確的，可歷史有的時候就是這麼無奈，正確的未必就一定能夠成功。商朝的種種政策弊端已經累積了數百年，各既得利益階層早已是樹大根深，彼此的關係盤根錯節，甚至連商王室都是這個利益關係網中的一員。這就好比一個常年臥病在床的人，如果保持現狀，就會被疾病慢慢吞噬掉生命，可如果上了手術臺，結果很可能就是直接斃命。

年輕人剛剛步入社會，往往會發現自己所處的環境、所處的企業裡面到處都是毛病，而且這些問題都是顯而易見的，要糾正似乎很容易。那麼，為什麼沒人去做呢？通常情況下，很多人開始在有關責任人的道德、能力上找原因。如果對照發生在三千年前的故事，我們發現問題並沒有那麼簡單。

單靠幾個人，無論是明君還是能臣，其實都改變不了大局。個人能力自然是不能缺少的，但歸根到底，要想改變點什麼，首先要有合適的大環境和足夠的實力。最先需要改變的是眾多人的利益關係，這裡面所涉及的人越多、利益關係越複雜，改革的難度也就越大。從古至今，莫不如此。成功的變革就是逆天改命，而這樣的案例，歷史上也的確是存在的。

吳起之死

權力的理解偏差

前兩年曾經有一部非常火紅的古裝劇《琅琊榜》，裡面塑造了一個近乎完美的主角——梅長蘇。所謂「麒麟才子，得之可得天下」，文能幫你算計皇兄得大位，武能以少勝多破危局，而且還有情有義有情懷。其實在歷史上，還真有一位在設定上非常接近「江左梅郎」的人物，就是戰國初期的吳起，他身上甚至比小說裡的梅長蘇，更多了幾分悲壯的色彩。

吳起的一生，概括下來就是：大榮大辱、大無大有、大起大落。戰國時期數得上名字的學派，他一個人就占了三家——儒、兵、法。論儒家，他的老師是曾子——地位不亞於孔孟；論兵家，吳起一生大戰七十六次，無一敗績，還差點把秦國滅了國，春秋戰國時代唯一可與他比肩的，只有後來的戰神白起；論法家，吳起在中國法學歷史上的地位，完全可以和李悝、商鞅、韓非子相提並論。

之所以說吳起是大榮大辱，是因為吳起的一生背負了太多的非議和誤解。而究其根由，很可能和他當初在魯國的經歷有關。

吳起出生在衛國的一個富裕家庭中，家境富而不貴，有錢沒門路。論出身吳起遠不如做為皇帝外甥的梅長蘇，但這樣的家庭，讓他有機會得到比平民子弟更好的學習環境，同時天天看著父母操持家業，耳濡目染之間，他也更能理解，個人奮鬥所需的是堅韌。

但是這種家庭出身的孩子，對比那些貴族高幹子弟，用《人民的名義》裡的話說，就是天然缺乏政治資源，也就是人脈。此外，他們對於「權力」「權謀」的理解，對比貴族子弟，首先就輸在了起跑線上。這個問題的存在，很可能就決定了吳起後來的結局。

衛國是殷商後裔，民風富有商業精神，老百姓腦子普遍比較活泛，國家也很富裕，所以比較容易出人才。但是從政治上來看，這個國家不過就是一個上層早已糜爛不堪的小國，階層固化，統治者毫無進取之心，在「國際」上毫無影響力，根本無法給人才提供發展空間。以吳起的出身，在這種環境下要想做官肯定是門都沒有。可少年的吳起，卻不甘心做個富家翁，而是立志要從政。

在求官的過程中，吳起花光了家裡的錢，結果一無所獲，有一次還遭遇了「校園暴力」，被十幾個惡少同學給堵在了半道上。這種鬥毆是最容易出人命的，吳起手上出了人命，於是他只能跑到臨近的魯國。

這次逃亡，卻意外地讓吳起因禍得福，他先是拜在了曾子門下為徒，後來又娶了齊國大夫田和的女兒為妻。曾子是儒家大師，而儒家對道德又非常嚴苛，僅從這點上說，我們就可以相信，吳起在衛國時根本不會有那些傳說中的道德污點。結果好景不長，吳起很快就和自己的老師鬧翻了，從後面他在兵家和法家上的造詣看，鬧翻的根本原因很可能是學術分歧。但曾子給出的理由是，吳起母親死了卻不回去奔喪。吳起是因為殺了人跑出來的，他能回得去嗎？

吳起在魯國又待了些日子後，齊國大軍準備打魯國。當時，魯國的情況其實比衛國好不到哪兒去，都是人畜無害的小國，內部也都談不上政治清明。而齊國在當時是超級大國，所以這場戰爭對魯國來說是滅頂之災。對於腐爛、僵化的系統而言，危機是唯一可能讓他們回歸正常的東西。那些靠裙帶關係上來的貴族子弟，誰也不願意去領兵抵抗，因為他們承擔不起戰敗的責任。這就給了吳起機會，讓他成了魯國的領軍大將。

由此我們也可以明白「草根逆襲」究竟有多不易，吳起最多只能算是準草根。你的本事必須遠遠超乎常人，而你的機會，很可能是那些肉食者碰都不願意碰的「垃圾股」，而即便如此，你也僅僅是「可能」成功而已——所以千萬不要把那些勵志雞湯太當回事。

吳起率領兩萬軍隊，奇蹟般地打敗了齊國的八萬大軍，一時間聲名大振。結果等待他的不是獎賞，而是魯國上層對他的集體批判，而這些批判，無一例外都是在拿道德說事。從古至今，國家也好，企業也好，都始終應該秉承一個處世鐵則，就是德需自律，而不能律人。因為道德這個東西根本無法量化，甚至無法得出統一的結論，我們看看如今網路上的種種關於道德的爭論就該清楚。反過來說，拿道德說事，就很可能怎麼說都有理。只拿道德說事，往往意味著在實際利益或是法律層面，對方根本挑不出毛病，而這還沒考慮造謠的可能性。

最有意思的是，所有關於吳起道德污點的記載都來自魯國。那問題就來了，吳起先前在衛國好好的，在魏國、楚國也沒什麼醜聞，可偏偏在你魯國這個君子之國，就完全是個「人渣」，這符合邏輯嗎？

如果你所在的企業，內部道德流氓橫行，高層成天務虛不務實，那麼這樣的企業，只要不愁吃飯，不留也罷。我們自己在為人處世上，也要儘量避免形成過分的道德「潔癖」。對於領導者來說，如果你身邊有人用和業務無關的私德問題來向你「控訴」他人時，你首先需要警惕的不是被舉報者，而恰恰是這個舉報人。

吳起一氣之下去了魏國。那時候，人們從一個國家轉到另一個國家，本質上和現在跳槽的性質差不多，更別說吳起就是平民，和國君連親戚都算不上。當時魏國的國君正是一代雄主魏文侯。吳起在魏文侯麾下，先是做了河西郡太守，光靠十萬魏軍，就把當時尚有二十萬軍隊的秦國折騰得奄奄一息，差一點就宣告破產。後來吳起做了魏國上將軍，對魏國軍隊進行了徹底的改革，建立了中國最早的職業化軍隊魏武卒。我們知道，同樣職業化的斯巴達勇士，真正能打仗的其實也就數萬人，而吳起組建的魏武卒一共是五萬人，他們大戰七十二，全勝六十四，其餘以平局告終。

吳起還寫了實際價值超過《孫子兵法》的《吳起兵法》。《吳起兵法》裡面主要講的不是什麼哲學思想，也不是計謀技巧，而是軍隊的制度建設和保障。任何競爭，歸根到底都是實力的比拚，魏國是當時的超級大國，體量和實力都已經足夠大了，這時候，最重要的是如何保證自己不出錯，只要不出錯，那麼你就可以靠實力優勢壓垮一切競爭者。今天我們的企業管理者，看看《吳起兵法》，或許會比看看隨處可見的《孫子兵法》更有現實意義。

吳起對下屬的管理就是冰山烈焰。一方面，他可以和最基層的士兵打成一片，同吃同住同勞動，對下屬始終保持應有的尊重。言必信，信必果，「徙木立信」最早其實就是吳起搞的，後來商鞅只是照著學了一遍；另一方面，一旦涉及軍法，吳起執法毫不留情，只要是違犯軍紀、不聽號令，即便是取勝了，那你回來也必死無疑。一次違紀所帶來的僥倖勝利，絕對抵償不了紀律鬆懈所帶來的破壞，所以從理智上說，特事特辦並不算什麼聰明的選擇，因為此例一出，下必為例。

而隨著吳起位極人臣，他對權力和權謀理解淺薄和理想化的缺陷，開始表現得越來越明顯。一般說來，人的精力有限，做事和做人，有一長必有一短，能做到「佛心鬼手」的，少之又少。吳起的福星魏文侯去世以後，他的兒子魏武侯成了吳起新一任的董事長，這樣一來吳起就成了前朝老臣，而且威望和實際權力又都非常大。這種情況下，新老闆對這位老員工自然不太放心。國君要把公主許配給吳起，結果吳起拒絕了老闆的好意。吳起的這個舉動進一步強化了新老闆的疑心，再加上一堆新貴的排擠，沒過多久，他就無法在魏國立足了。

此時距離吳起離開家，已經有三十多年，按歲數說，吳起這個時候正好處於職場中的「舒適圈」。可是這三十年他也沒閑著，不但兵家老本行一點沒扔，還從魏國老丞相李悝那學了全套的法家理論。由於他不停地擴展自己的能力，從魏國高管的崗位上離職以後，他很快就又在另一個大企業楚國謀得了CEO的職位。

吳起在楚國，從之前指揮打仗的將領，一下子提升成了令尹，隨即開始了變法，對楚國進行改制重組。原先的楚國其實更像是一個鬆散的股份制公司，包括國君在內，所有股東都只能算參股，這種情況下紛爭就是難以避免。而吳起要做的，正是改變這種局面，讓楚悼王能夠做到絕對控股。

吳起在楚國的變法改革，歸結起來說，本質上和商紂王所做的差不多，那就是在錯誤的時間、錯誤的地點，做了一件絕對正確的事。簡單概括起來，吳起所做的事就是強化中央集權、打擊既得利益階層、向底層平民釋放利益。比如說削減貴族封地，打破爵位世襲，建立職業官僚制度，放在企業就是職業經理人制度，打擊遊說集團——也就是俗稱的「掮客」。楚國的很多大家族要是追溯起來，歷史可以追到殷商時代，絕對算得上是樹大根深。而吳起做為一個外來戶，除了楚悼王的支持，根本沒有自己的基本盤。

斷人財路如殺人父母。變法開始不久，支持吳起的楚悼王就突然病逝，當時吳起正在外指揮打仗。如果吳起真像傳說中那樣是個極度自私的小人，這個時候趕緊逃亡，或者乾脆率軍反叛，才是最好的選擇。可是吳起卻選擇了回國都奔喪，而此時，幾大家族都已經設好了伏兵要截殺他，這一去絕對是有去無回。在楚王的靈堂上，幾百名弓箭手包圍了吳起，而吳起卻做了一個驚人的舉動，他一下撲在楚悼王的屍體上。一陣亂箭之後，兩個人的屍體被箭牢牢地釘在了一起，無法分開。

因為侮辱了楚王的屍體，十幾戶參與暗殺的貴族被全族誅殺。在最後一刻，吳起用這種同歸於盡的方式，企圖保住改革的成果，同時也結束了自己比小說還精采的人生。若論情懷，吳起並不比屈原差，只不過他所忠於的是自己的功業和理想，即便如此，楚國最終也不過是八分舊，兩分新。

我們總說「命運」，大到一國，小到一個機構，利益格局其實就是「命」，而人才是「運」，改革改的不是運，而是命。任何變法從根本上說都是利益關係的改變。如果改革僅僅靠一個人的決心和才智，那麼無論他多強悍，最終都是難以完成的。改革之難，就難在「逆天改命」。

韓非入秦 ◎ 陰謀與陽謀

之前我們說李斯的時候曾經提到過，李斯在齊國稷下學宮荀子門下留學時，有一個富二代的同學韓非，學成畢業以後，李斯和韓非走上了不同的人生道路。當李斯還在呂不韋門下兢兢業業做一個小助理的時候，韓非已經回國潛心鑽研學問去了——普通人需要面臨的生存、發展問題，在他那裡是根本不用考慮的。

幾年以後，韓非發表了他的學術著作《韓非子》，一時間成了著名的國際學者，在法家學術界的地位，甚至可以和李悝、商鞅、慎道這些人比肩。而秦王嬴政也是韓非的鐵粉。

嬴政親政以後，秦國吞滅六國的戰略也已經進行到了最後階段。韓非所在的韓國，是六國裡國力最弱的一個，這個國家恰恰又地處戰略要衝。很自然，韓國成了秦國的第一個目標。

在秦國備戰的同時，嬴政給韓王下了通牒，要求把韓非送到秦國來，這就和拿著槍出去搶劫一樣。韓國自然不敢怠慢，趕緊把韓非送到秦國。而韓非一到秦國，就被嬴政奉為上賓，成了秦王的高級顧問。

嬴政之所以在開戰之前把一個敵國的王族子弟拉過來，可能有兩層考慮。從理想層面說，嬴政確實是惜才愛才，把韓非強行要過來就可以避免在後面的滅國大戰中波及他，而且還不會給韓非製造道德壓力，因為他是被韓王迫於壓力送到秦國的，和他本人沒關係。

從現實考慮是，當時嬴政身邊確實缺人。蒙恬、蒙毅兄弟雖然和嬴政關係很近，但畢竟是軍人，不能干政。廷尉李斯很大程度上其實就是占了一個先到先得的便宜，嬴政當時不用他也沒有更合適的人了。朝堂上一眼望去，基本就是呂不韋留下的老班底，這些人的政治訴求和呂不韋沒什麼不同，比如像丞相王綰，動不動就想著逼宮改制。

秦孝公有商鞅輔佐，秦惠文王有張儀輔佐，秦昭襄王有范雎，嬴政何嘗不想身邊有一個相才可用。韓非是商鞅之後的又一個法家大才，處理實際事務的能力不好說，做高級顧問出謀畫策是足夠了。而且他和此前的商鞅、張儀、范雎一樣，都是外國人，和秦國內部的各派勢力沒什麼利益瓜葛，可以讓朝堂格局變得對嬴政有利，滅韓國，韓非也無須再背負道德壓力，所以從理論上說，韓非確實可以為秦所用。

戰國時的文化氛圍，還不存在無條件忠誠於誰的問題，人們普遍崇尚實力，看重實際利益。一個人從一國到另一國，其實和公司人員跳槽的性質差不多。韓非是韓王室成員，你讓他和韓國為敵確實不太可能，但如果過了這一關，其他的就不是問題了。

應該說嬴政這個考慮是很合理的。假如得以實現，以韓非為相，或許就可以避免統一後王綰幾次三番帶著群臣逼宮，讓秦廷矛盾激化。之後的焚書坑儒、國家投資過熱等一系列悲劇，也可能會改寫。

然而歷史終歸是不能假設的。韓非到了秦國以後，很快就履行起高級顧問的職責，開始主動獻策。韓非力勸嬴政先別打韓國，這個倒是還可以理解，畢竟那是他的祖國。可是韓非力主秦國南下滅楚，這就完全是不懷好意了。後來的情況說明這真的是不懷好意，秦在先後消滅掉韓、趙、燕、魏四國，後方及側翼基本無憂的情況下，以李信率二十萬大軍攻楚都以失敗告終，最後由資歷最高的王翦率軍六十萬軍隊，歷時一年才擺平了楚國。

這麼一個龐然大物，秦國真要是一開始就打它，到時候誰滅誰恐怕都兩說。更要命的是，當時不少秦國高官真信了韓非的話，朝堂之上形成了兩派完全相反的意見，導致秦國的滅六國準備工作，因此停滯了有兩三年。

一個人說了不正確的話也會造成這麼嚴重的後果嗎？答案是：真的有，直到現在也是這樣。一些完全反常識的話，如果是通過某些專家學者的嘴說出來，即便再不合理，很多人也會相信，久而久之，「專家」、「學者」在一些場合就乾脆成了貶義詞了。

事情不只如此。韓非還以私德不檢為理由，力主嬴政殺掉負責情報工作的大臣姚賈，這位差不多就相當於現在美國的中情局局長的角色，韓非的這個提議還真有人跟著應和。

嬴政慢慢感覺到苗頭不對。

其實韓非入秦，就是一名戰略間諜。這是他的自作主張，還是韓國官方的謀畫，無從得知。如果韓非僅僅像徐庶入曹營那樣，不獻一策，那嬴政多半會一直養著他，可是他所力主的優先攻楚，假如真的做起來，很可能會重創秦國，屆時即便秦國能挺得住，在嬴政這一輩上，也基本沒可能再有作為了。

韓非已經嚴重威脅到了秦的國家安全，嬴政再愛才，到了這一步，也只能處死韓非。傳說中李斯因為嫉妒韓非而殺了他，這在現實中是很難做到的。即便你是廷尉，要繞開秦王和整個秦國司法體系，去做掉這麼一個備受關注的重要人物，這難度和風險都實在太大。當然，促使嬴政下決心殺韓非，在一旁推波助瀾這種事情，依照李斯追求絕對安全感的個性，倒是真做得出來。

韓非這件事做得對不對，我們還真沒法評價，並不是所有人都會以上帝視角來看這個世界。如果從個人角度來說，我們也不能把「忠誠」看做是一種罪惡，只能說這是他的選擇。

回顧戰國歷史我們會發現，這種企圖靠陰謀來扭轉乾坤的事，韓國人其實不是第一次幹了。更著名的一次，是派經濟間諜鄭國到秦國，說服丞相呂不韋上馬鄭國渠工程。韓國人想的是，靠這個工程拖垮秦國的財政。結果沒承想，韓國大大低估了秦的國力，秦國在鄭國渠上耗了五年時間，最後還真給修成了，把四萬頃荒地改造成了良田。其實在工程進行到一半時，嬴政就已經發現鄭國是間諜了，結果不但沒處置他，還把他收編了過來，繼續把這個工程搞完，這件事韓國弄巧成拙。

因為國力弱小，沒辦法正面和對手硬杠，韓國歷來都非常看重類似的陰謀，總是想著靠這種奇謀妙算，來一巧破千斤。

韓昭侯時代的丞相申不害，就奉行法家術治，更是把這個喜好陰謀的傳統推到了極致。所謂術治，簡單說就是把國家的管理分為明暗兩部分，明的是看得見的法律，暗的是看不見的帝王之術，後者本質上和現在的所謂「職場三十六計」之類的東西差不多。舉個最簡單的例子，歷朝歷代，皇帝都講究一個天威難測，這就讓下面的官員摸不準他的脾氣，自己的一句話會讓君王高興還是憤怒都不好說。如此一來，群臣就得像陪伴一顆隨時可能爆炸的炸彈一樣，小心侍奉君王。類似的手段，如今在辦公室政治當中，同樣是不新鮮的。

這種「術治」，或者說是陰謀，形式多種多樣，但萬變不離其宗的是，它要麼是建立在欺騙的基礎之上，要麼是需要把幾樣關鍵訊息隱藏起來，秘不示人。總之，在整個佈局當中會留下幾個罩門，這些要素往往是佈局的人所無法完全控制的，一旦為人所知，立馬滿盤皆輸。比如韓非和鄭國渠，這兩場戰略欺騙能否達成，完全取決於秦國的君王和高官是否一定會迷信權威，以及這中間不會有一點消息走漏，而這兩點，確實是韓國人所沒法控制的。

韓國缺乏硬實力，所以迷信這種近乎「小聰明」的路子，其實也是一種無奈。事實證明，這種思維模式並不能從根本上對秦國的硬實力有所消耗。

公元前二三〇年，秦最終發動了滅韓之戰，因為實力對比懸殊，這一仗打得實在沒有懸念，以至於《史記》關於韓的滅亡，一共就寫了十七個字。

一切陰謀，其中總會存在一些不可控的因素，從概率上說，這些問題終歸存在爆發的可能。隨著計畫的複雜化，不可控的要素必然會不斷增加，那麼計畫失敗的概率自然也會越來越大，這也是陰謀論並不現實的原因所在。我們說得再直白一點就是，企圖靠隱瞞真相來達成某種目的，這種做法是非常危險的，特別是如今這樣一個訊息高度發達的時代，這麼做更加不現實。

陰謀與陽謀，術制與法制，應該說它們是完全對立的。

所謂陽謀，就是根據現有條件，在不影響別人也不依賴別人的前提下，因勢利導、光明正大地通過改變自己的資源配置，來達成自己的目標。通俗點說就是：立足自身，固本培元。

而所謂法制，就是要把大到國家行為、小到個人言行，都納入同一個明晰、公開的法律體系當中，統一加以規範。

那麼陰謀與陽謀，術制與法制，孰優孰劣，自然不言而喻。

趙武靈王　制度比個人更有用

那麼面對改革，歷史上的既得利益階層是如何攪局的呢？

春秋戰國時代，中國人的思維普遍還屬直來直去的模式，所以面對改革，既得利益階層最開始的反抗手段也是非常簡單粗暴的，你損我的利益，我就直接造你的反，最典型的就是楚國的吳起變法。楚悼王對楚國的掌控力原本就不怎麼樣，而吳起的改革措施又過於淩厲，直接一刀子切在了貴族階層最在乎的要害之處，結果楚悼王一死，既得利益集團馬上撕破臉皮，在楚王的靈堂上就發動了兵變，吳起被事先埋伏好的弓箭手亂箭射死。

這種硬「懟」的方式，結果往往都是兩敗俱傷。吳起被射殺以後，新政絕大部分都被廢除了，直接參與叛亂的貴族也都被滿門抄斬了。

而趙武靈王在趙國的改革，最終也被既得利益集團給「懟」回去了。他們的手段很高明，是利用王族內部的矛盾，把這個局破解的。

趙國的變法改革，就是著名的「胡服騎射」，這個提法表面看上去好像就是一個軍隊方面的改革，也順便改了一下大臣們的著裝。但實際上，趙武靈王的真正意圖是削藩。因為趙國最大的既得利益階層就是軍事貴族，趙王搞軍改，其實就是為了削弱這些軍事貴族手裡的權力，或者叫政治資本。一旦這個最大的本錢沒了，貴族們就再沒籌碼和中央政府叫板了。

最開始的時候，趙國中央政府連貴族封地的稅都收不上來，改革以後，這個問題終於得到了一定程度的解決，但還是留有後患。

趙國名將趙奢，也就是趙括的爸爸，最早就是負責向地方徵稅的。當初因為要向平原君趙勝收稅，趙奢差點死在平原君手裡。我們合理推想一下，趙奢當初收稅應該是得罪了不少貴族，因為後來秦趙的長平之戰，趙國已經打成了一個死局，這時候趙括被推到前線替下廉頗，最終戰死沙場，承擔了整場戰爭失敗的全部責任。這件事現在看來，依然是細思極恐啊……

言歸正題。因為趙武靈王趙雍是個非常強勢的君王，政治手段也比較高明，所以依靠個人權威，這位趙王基本就可以在朝堂上壓住各個集團。「大事賴獨斷，而不賴眾謀」這句話，就是從趙武靈王這兒來的，這就有點一言堂的意思。趙國的改革就是在這種環境下強推下去的，而老百姓也確實得到了實惠，趙國的綜合國力也開始得到強化，以至於連秦國，對它都開始戒備了。

但偏偏在這個時候，趙武靈王的家裡出問題。在繼承人問題上，趙武靈王要廢長立幼。或許是有長遠的打算，或許就是個人偏愛，總之，趙武靈王在太子趙章沒什麼過錯的情況下，強行廢了太子，還把趙章派到邊疆地區指揮邊防軍，這事實上和發配差不多。與此同時，趙武靈王宣佈立小兒子趙何為新的儲君。整件事和他平時做事的風格是一個路子，強悍、獨斷、不留餘地。

問題是趙章當時已經二十多歲，在太子之位上早就形成了自己穩固的勢力，而趙何那個時候才十歲。這種情況下，顯然新儲君在未來登基以後，位置是難以坐穩的。這個時候，趙武靈王又表現出了他行事風格的另一面：天馬行空、不按常理出牌。

趙武靈王緊接著宣佈退位，趙何繼位為趙王。按理說，在這種情況下，趙武靈王就該是太上皇了，可是，他給自己發明了一個詞——「主父」。相傳複姓「主父」就是這麼來的，他們應該是趙武靈王的後人，比如西漢時的主父偃。趙武靈王發明的這個身分並不是像太上皇那樣什麼都不做，光是享享清福。

按照他的設計，小兒子趙何做了趙王以後，主要就是監督內政，具體操作自然有一班大臣來搞，而趙武靈王自己則繼續抓著軍隊的指揮權。趙武靈王這麼做，就是想將自己的小兒子扶上馬再送一程。把兒子扶上王位，他自己手握軍隊控制全域，這麼做，對比趙武靈王死了以後趙何再繼位，趙國的權力交接確實會更穩定不少。

這個原理放在現在也是適用的，任何的權力交接，如果能設計一個合理的過渡階段，肯定會比一刀切模式穩定很多。趙武靈王佈的這個局雖說是不按常理，但確實是合乎邏輯的，如果按部就班往下走，可能最後真就做成了。

偏偏這個時候問題就來了。趙何登基四年以後，趙武靈王趙雍自然也老了。一個人年輕時非常強悍、獨斷專行，一旦上了歲數，心往往就會變得軟下來。對常人來說這很正常，但對一個領導者來說，這就未必是好事了。

這四年裡，被廢黜的太子趙章，自然是和父親、弟弟疏遠了，但也沒鬧。這麼一來，趙武靈王自然會覺得，過去做得太絕情，虧欠了大兒子。當時趙國滅中山國的戰爭趙章也參加了，於是趙武靈王就借這個由頭，給趙章記了一功，封為安陽君，有了自己的封地。這麼一來，廢太子在朝堂的人脈自然又被激活了，先前唯恐避之不及的，如今又都來巴結了。不僅如此，廢太子趙章又有了自己的根據地，手裡有錢、有糧、有人，還有私兵。

有一次趙國高層開年度大會，趙章衝著王座上還是小孩兒的趙何行君臣大禮，趙武靈王看見，心裡不是滋味，結果一激動，又冒出一個天馬行空的念頭。他當著滿朝文武的面說，不如乾脆把趙國一分為二，他們哥倆一人一半。

趙武靈王顯然是老糊塗了，那個時候的諸侯國稍不留神就可能被別人滅國，就算是為了保命，大家都盡可能地做大做強自己，如今你主動把自己給拆分了，這不是在找死嗎？

趙武靈王這個主意冒出來後，相國肥義磨破了嘴皮子，好說歹說總算是讓趙武靈王打消了這個念頭。老頭的腦洞暫時給堵上了，可麻煩也來了。趙武靈王要分國家的話，肥義這些大臣們聽到了，廢太子趙章自然也聽到了。

從為人處世來說，這是一個非常失敗的例子。打一棍子再給個甜棗，這並不是什麼情況都適用的。權力鬥爭原本就是零和遊戲，更何況你從人家手裡拿走的是一個王位。這種情況下，趙武靈王原本應該不動聲色地進一步削弱廢太子的勢力，在個人待遇方面，以財富加以安撫，如此才能逐步斷了廢太子繼續爭奪權力的念想。

可如今你給他的不僅是待遇的改善，還有政治資源，這樣就等於讓他有了繼續爭下去的希望。這樣還不夠，把國家一分為二的念頭都說出來了，用這麼大的蛋糕去誘惑他，誘惑完了，又宣佈剛才說的都不算。這個時候廢太子心裡的權慾、征服心都被激活了，在這樣反覆的心理衝擊之下，他對自己父親的恨意早已壓過了父子親情。

得罪一個人是一件很麻煩的事，可得罪以後又想往回找補，換來的可能會是一件更麻煩的事。

趙武靈王父子間的這道裂痕，對改革的反對派們而言，無異於是天上掉下來的餡餅。趙武靈王同父異母的兄弟趙成，還有趙成的謀士李兌，兩人在廢太子趙章背後一頓挑唆。趙章原本就是滿懷憤懣和怨恨，手裡又一切資源齊備，於是就舉兵反叛，要武力奪權。

結果沒承想，螳螂捕蟬，黃雀在後。趙章前腳舉兵，趙成、李兌後腳就帶兵來勤王。他們擊敗了攻打王宮的叛軍，順勢控制了當時還是小孩的趙王趙何，兵敗的趙章被他們攆到趙武靈王的行宮裡，然後趙成理所應當地下令封鎖行宮。最終，趙章被趙成、李兌處死，趙武靈王也被所謂的勤王大軍困在了行宮裡。這一困就長達三個月，最後活活把趙武靈王餓死在行宮裡。

至此，年幼的趙何成了趙成、李兌手裡的傀儡。趙武靈王時代圍繞削藩所提出的種種政策，多數也都被廢除，趙國的改革就此算是完敗。

趙武靈王這個稱呼，是趙雍死了以後的謚號，在古漢語裡，「靈」這個字並不是一個好詞兒，它代表的意思是瞎胡鬧、瞎折騰，以「靈」為謚號，也就等於趙國官方徹底否定了趙武靈王。對比楚國貴族傻呵呵的直接造反，趙成、李兌的謀畫要高明得多，人家是打著勤王的旗號，做成了自己想做的事。

有這麼幾個詞：修身、齊家、治國、平天下。以修身而論，趙武靈王雖然才智過人，且胸懷大志，但他個人過於迷信權威主義。趙國變法改革，完全是建立在他個人的權威之上。雷厲風行、乾綱獨斷的做事風格，確實能在短時期內改變一個企業乃至一個國家的面貌，但也僅止於此。這就好比滅火只滅了明火，卻沒有滅暗火。

強人總有老去的一天。缺乏相應的制度建設，沒有為改革建立新的基本盤，依靠利益受損的舊勢力來治理國家，這些都注定了趙國的新政難以持久。

以齊家而論，從前面的故事來看，趙武靈王顯然不是一個合格的父親，而他的家庭內部的問題，最終也給了政治對手以可乘之機。從古到今，公事和家事，某些情況下是息息相關的，處理不好後院，前院最終也是會起火的。

歸結起來，趙國改革的反對派靠的還是武力，其實舊勢力「懟」改革，不光有武的，還有文的。

完璧歸趙

眼界決定成敗

很多時候，一件事究竟是好是壞，辦得妥與不妥，你光盯著事情本身，是看不出所以然的，只有把它放在一個大環境下全面審視，才能看清楚。比如我們今天要說的「完璧歸趙」，裡面的主角藺相如因為這個歷史典故被傳誦了幾千年，但這件事其實禁不起細琢磨。如果放在戰國時代的大環境下去看，這其實是一個外交失敗的經典案例。

這個故事通常都是這樣說的：秦王看上了趙國一塊叫做「和氏璧」的稀世美玉，就提出要拿十五座城來換。趙王怕秦王賴帳，於是就讓藺相如帶著和氏璧出使秦國，幾番鬥智鬥勇下來，藺相如不辱使命，完璧歸趙……

細琢磨下來，這個故事其實挺不靠譜的。在藺相如所處的戰國中期，中國人已經經歷了三百多年的亂世，列國之間的戰略態勢在本質上和近現代的歐洲基本一樣。那種環境下，人們的思維都是非常成熟和務實的，不成熟、不務實早就被淘汰掉了。

在稍不留神就可能國破家亡的環境下，哪個國君會頭腦發熱，拿本國的城池換一塊好看的石頭回來？其實這件事裡面，最不重要的恰恰就是和氏璧。秦國之所以提出要拿十五座城換趙國的和氏璧，其實說白了就是一次戰略試探。

秦國經過商鞅變法、張儀連橫伐交，到了秦昭襄王嬴稷這一代，已經成了最強大的諸侯國。在完璧歸趙這件事之前，從理論上說，當時能主動給秦國製造麻煩的，只剩下南邊的楚國和北邊的趙國，秦國的戰略重點也是這兩國。相對來說，楚比趙在軍事上要更弱一點，所以更好打。秦國要打楚國，首先就要先穩住趙國，避免出現兩線作戰的局面。而要穩住趙國，那就必須先要摸清它的底兒。

趙國當時的情況比較特殊：趙武靈王變法改革，讓趙國一度強大到嚴重威脅秦國北部安全的地步。可是趙國爆發政變，趙武靈王被困在沙丘行宮中活活餓死，趙何（史稱趙惠文王）成了趙成和權臣李兌手中的傀儡國君，趙國的國勢由此急轉直下。又過了幾年，趙成病死，李兌被逐出趙國，趙惠文王才成了名正言順的趙王。趙王的處境雖然開始好轉，可是經過這麼一連串的折騰以後，趙國面對秦國究竟有多少底氣，這還真不好說。

後面的故事我們就都很熟悉了，趙王偶然間得到了一塊罕見的寶玉，也就是著名的和氏璧，秦王抓住機會，提出了一個非常荒唐的要求：用秦十五座城來換趙王的和氏璧。

這件事擱在當時看也是很不靠譜的。寶玉再稀有，但它終歸就是一件玩物，而城池是關乎國計民生的。但這件事妙就妙在這個「不靠譜」上，因為越是這樣，越能夠強化你的檢驗效果。後來趙高「指鹿為馬」也是這個道理，就是因為指鹿為馬這件事荒唐，他才能一下子分辨出朝堂上哪些人對他死心塌地，連臉都可以不要。

面對嬴稷的這個要求，趙王該如何接招？

所謂「反常必妖」，當一個並不傻的人突然做出某種看似不可理解的事，這時候你就該注意了，他很可能還有別的意思。如果趙國君臣的眼界能夠大一點，就會發現這件事其實非常兇險，壓根不是一塊玉的事。一旦秦國有機會打殘了楚國，那麼下一個倒楣的會是誰？只能是趙國。

趙惠文王最好的應對策略就該是一口回絕，這樣秦王摸不透自己的底牌，後面才有機會保持這個均勢的局面。可偏偏當時誰也沒看出這一點，趙王沒有，藺相如也沒有。藺相如建議趙王答應秦國的要求，理由是：如果秦國不給城，秦國不占理；要是不答應秦國，那不占理的就是趙國。總之，說來說去他的注意力就沒跑出這塊玉去。

由此開始，其實後面的故事無論多精采都已經失去意義了。這麼不靠譜的要求趙王都答應了，就說明趙國從心底對秦國是懷有畏懼的。到此，秦國的戰略試探基本就已經完成了。

眼界決定成敗，眼界過低，很可能事情早就辦砸了你還渾然不知。

這個道理放到現在依然是有用的。我們寫報告、論文的時候，主管或是你的導師都會要求你，起頭的時候盡可能「格局大一點」，比如說一說國際形勢，說一說行業走向，等等。如此這般，久而久之，乾脆就成了一個儀式性的東西，究竟這些「高大上」的問題和你手邊做的事有什麼具體聯繫，很多人並沒有真去考慮過，只不過是別人要求你寫，你就照著做罷了。而事實上很多人乃至企業，最後吃虧往往就吃在「只見樹木不見森林」上。

舉個例子，假如你的企業準備借著「一帶一路」的東風投資海外，那麼僅僅去做一個一般商業盈虧層面的研究是遠遠不夠的，地緣政治、國際關係、投資國的社會概況，這些聽起來遠在天邊的東西，在未來都可以直接決定你的項目乃至你的員工身家性命的存亡。

這種情況一點也不新鮮。從利比亞到伊拉克，中國的海外投資項目多次因為相關國家的戰亂而遭受嚴重損失，甚至中方人員的人身安全都受到了威脅。事實上這些戰爭的爆發並不是毫無徵兆的，你不可能預測那裡會在幾月幾號出什麼樣的亂子，但是只要有相關方面的研究人員，給你計算出一個大致的概率，還是沒問題的。

當然，眼界寬格局大，也不一定就能保證成功，這個還要看你的實力和大環境的好壞。把周圍看清楚未必能讓我們明明白白地活，但起碼不會稀裡糊塗地死。

「完璧歸趙」裡的主角藺相如，從這個人身上我們會發現，有的時候並不是領導者看不到下面人的能力，而是能力未必就是領導者最看重的東西。歷史上關於藺相如的記載，就是「完璧歸趙」和「澠池之會」這兩件事，無論是從國際鬥爭還是從國家發展來說，這兩件事對國家的影響都不大，真實的藺相如在國政方面並沒有什麼大的建樹。

「完璧歸趙」這件事，藺相如從最開始就判斷錯誤，而且在面對秦王時，藺相如還說話說走嘴了。史書記載，他當時怒斥秦王不守信用，其中有一句話是：「和氏璧，天下共傳之寶也，趙王恐，不得不獻」。國與國之間的外交場合，你明明白白告訴對方，你的國君怕人家，這算什麼事啊？由此，秦國人進一步坐實了之前的判斷──趙國畏懼秦國，不敢在秦國收拾楚國時在背後動手。既然目的達到了，和氏璧也就不再重要了，秦王後來再也沒提這一茬。

從「完璧歸趙」以後的第二年開始，秦軍一年攻打趙國一次，連著打了三年，每一次規模都不大，但都以秦軍完勝告終。每一戰都能攻下趙國一兩座城池，斬首兩三萬人，這個戰果說大不大，但絕對會讓對方肉疼。秦國之所以這麼零打碎敲地攻打趙國，主要還是為了震懾。既然你都說了「趙王恐」，那我就必須讓你知道，你的害怕是正確的。

到了第四年，秦昭襄王感覺火候差不多了，約趙惠文王在韓國的澠池會盟，訂立停戰協議。至此，秦的戰略目標已經全部達成。

不久之後，秦軍開始大舉伐楚。楚國被打殘了之後，秦國再無後顧之憂。再後來，在秦趙長平之戰中秦國可謂傾盡全力，一舉打殘了趙國。

由此來看，藺相如對比蘇秦、張儀、李悝、商鞅等名臣，至多只能算是能力平庸之輩。可為什麼趙王又格外器重這樣一個人，一路擢拔，把他升到了上卿的位置？原因很簡單，藺相如出身寒門，又是被火箭式提拔上來的，除了趙王他沒有任何人可以依託，所以在忠誠度上絕對不會出現問題。無論是「完璧歸趙」還是「澠池會盟」，他做得成不成功另說，但每次都是在以命相搏。

我們不要忘了，在此前的很長一段時間裡，趙惠文王一直是有名無實，活在權臣的陰影裡。如今雖然趙成、李兌都不在了，可朝堂之上其他大臣還在，這些人的忠誠度顯然是難以讓人完全信任的。可是你治理國家又離不開這些人。在這種時候，有一個沒有根基又絕對忠誠的人做自己的首輔大臣，以此來制衡百官，就是最佳的選擇，而藺相如恰恰是最好的人選。

忠誠和才能都是非常重要的，但是在領導者自認屁股沒有坐穩的情況下，他們往往會更看重忠誠度。對於這個問題，我們無法從道義角度來加以評判，只能是根據實際情況來加以應對。做為一個高層領導者，對管理層負責人給予必要的安全感；做為具體執行者，在發現上級信心不是很足的時候，適當地收斂一下自己的恃才傲物，這些於我們自己來說，都是有益無害的。

當然，要做到這一層，前提是你對整個環境的精準判斷，而這就又繞回到了咱們開頭的那個問題——格局要大，眼界要廣。

紙上談兵 ◎ 執行者的無奈

前面我們曾經說過一個背鍋俠的老祖宗——商紂王。今天咱們再來說一個更著名的背鍋俠——趙括。

趙括背的這個「鍋」，就是「紙上談兵」。

《史記》裡說，在秦趙長平之戰的時候，廉頗堅守不戰，讓秦軍一點招兒都沒有，於是秦國間諜在趙國的微博和朋友圈散佈針對廉頗的謠言，結果來回轉發就被趙王看到了。趙王果然就信了，罷免了經驗豐富的老將廉頗，啟用了少不更事、只會耍嘴皮子的趙括，最後導致趙軍全軍覆沒。

趙括這口「鍋」，一背就背了兩千多年。

其實真實歷史全然不是那麼回事：首先我們按時間推算，趙括那個時候應該是三十多奔四十的歲數，而且在此之前，他一直在他父親——名將趙奢的麾下做參謀，趙國對秦國不多的幾場勝仗，比如麥丘、閼於，趙括基本都參與了。要是論對秦軍的作戰經驗，其實趙括反倒比廉頗強，所以趙括根本就不是什麼有名無實的毛頭小子。

其次，長平之戰無論換誰打，對趙國來說最後的結果都差不多，趙括手裡的這個結局也許說不上最好，但也肯定不是最壞。

有一句話叫「謀定而後動」，就是說凡事你只有想好了，計畫周全了，才能行動。讓手腳跑在腦子前面，這絕不是一個好習慣，要是放在國家或者是企業層面這就叫戰略決策。這個世界上大部分事情的成敗，在最開始的謀畫階段就已經基本確定了。

長平之戰最開始和趙國一點關係都沒有。

戰國中後期，秦國一直覬覦韓國手中的戰略要地上黨，為了奪取這片土地，秦國大將白起率領秦軍和韓國連續打了三年仗。三年之間，秦軍奪城十餘座，斬首五萬多，徹底切斷了上黨郡與韓國本土的聯繫。

韓王徹底被打絕望了，同意把上黨郡十七城全部割讓給秦國。結果上黨太守馮亭卻來了一齣「將在外君命有所不受」。他沒按照韓王的命令向秦國投降，而是跑到趙國，向趙王提出願意把上黨郡獻給趙國。

當時趙孝成王登基還不到四年。接到馮亭的信以後，趙王的叔叔趙豹就表示堅決反對。理由很簡單，秦國為了上黨整整打了三年，中間付出的人力、物力、財力不計其數，如果被趙國平空「摘了桃子」，以秦國的國力，人家自然不肯善擺干休，打仗就是必然的。

面對強秦，趙國只要開戰，肯定就是全面戰爭。這也就意味著一旦你打輸了，那連家底兒都得賠進去。而秦強趙弱，打輸還是大概率事件。

可是趙王卻一意孤行，要定了上黨，他眼裡看到的只是白得了上黨那十七座城。這就好比有個人看中一個特別豪華的鋼琴，也不管自家能不能擺得開，非要買回來。發現擺不開怎麼辦呢，那就買大房子，錢不夠就賣房，貸款……

這聽起來特別愚蠢，但是這種眼界在企業決策中並不少見。舉個例子，比如某老闆看中一個項目，於是不管不顧，公司裡所有業務必須圍繞這個項目來做，如果最後項目成功了，其實賺的也並不多，但如果項目失敗，那給這家公司的打擊是致命的。

我們經常會說到這麼一句話：格局一定要大，企業要有計畫，個人要有規畫。如果你能看清百里之地正在發生什麼，才能經營好自己的一畝三分地。能讓你投入老本豪賭一把，只應該是兩種情況，要麼已經到了決定生死的地步，要麼決定你是否能脫胎換骨、更上一層樓。除了這兩種情況，任何類似的高風險行為都是不值得的。

我們知道，國外企業如果要啟動一個項目，風險評估和防控所占的資金，通常要達到項目預算的2％到5％。這個比例是很高的，因為到不了這個比例，你根本拿不到貸款，銀行會認為這樣的項目不確定性太強，容易讓人家賠錢。我們的很多企業恰恰缺乏這種意識，曾經在一個座談會上，一個搞海外投資風險評估的專家痛心疾首地說，我們的很多企業家，都是寧可事後風光大葬，也不願意事前吃藥看病。

如今好多年輕人面對各種各樣的所謂「高回報率投資」的時候，不少人同樣把持不住。當你面對這種情況，其實也不需要有太大的格局，你只需要捫心自問一下，你真的已經混到可以不勞而獲的地步了嗎？

回過頭來繼續說趙國。在決定開戰時，趙王其實就是光看見了「高回報率」，對秦趙兩國的經濟實力、社會動員能力、軍隊後勤保障能力等等究竟差了多少，根本沒有一個清醒的認識，可以說是既不知己，也不知彼，完全是「盲人瞎馬」的架式。風險評估基本沒做。

不但決策不行，趙王選的將也不怎麼樣。廉頗除了資歷老，並不算多出色的將領，和秦軍打仗的經驗遠不如趙括。趙軍在廉頗的率領下從韓國人手裡接管了上黨郡十七城，結果面對秦軍的攻勢，廉頗一座也沒守住。

丟了城不算，趙軍一跑出來馬上又被秦軍圍困在了長平，也就是現在山西省的高平市，長平之戰的名字就是由此而來的。到了長平，趙軍築起兩道防線，第一道很快就被秦軍攻破了，廉頗只能守著最後一道防線消極避戰，這就是所謂的堅守不戰，你出去根本打不過人家。

這一路把廉頗打得滿地找假牙的不是名將白起，而是一個叫王齕的將領，這個人在史書中記載得不多，爵位是左庶長，只能算是中偏上，並不算是特別冒尖的將領。

到目前為止，我們發現秦國最早的戰略目標已經實現了，上黨郡已經完全被秦軍占領，而且此時趙王已經派使臣來向秦國求和了。趙王想和，但是秦昭襄王不這麼想，他看到了一個大大的機會擺在面前。

當時趙國是六個諸侯國裡，唯一還能主動和秦國打一打的國家，此時趙軍四十多萬被秦軍困在長平，對秦王來說，這是一個從天上掉下來的機會。一個國家最寶貴的資源不是土地，而是人口。這四十五萬人不光是士兵，還是寶貴的青壯年勞動力，如果能把他們全殲於長平戰場，那趙國就徹底被打廢了。

後面的事我們在這裡不再細說，總之在仗真打起來以後，趙孝成王才意識到，自己的後勤不如人家，社會動員能力不如人家，家底更不如人家。更重要的是，趙王的眼界遠遠不如秦昭襄王嬴稷。最開始秦王本來就是打算要個上黨郡，可是局勢一發生變化，嬴稷馬上就能跟著調整部署，抓住這個稍縱即逝的機會。

在面對還沒到手的誘惑時，趙孝成王腦子就迷糊了，嬴稷面對已經到手的勝利，還能保持頭腦清醒，時刻不忘最終要的是什麼，這就是眼界和格局的差距，這個差距，是任何勤奮和運氣都無法抵消的。

事前決策，需要頭腦清醒、冷靜；而事中決策，還需要能在機會出現時殺伐決斷，果斷行事。要成事，這兩者缺一不可。所謂「天予不取，反受其害」就是說，天上一般不會掉餡餅，一旦掉了不接著是會遭報應的。拿長平之戰來說，如果秦國不利用稍縱即逝的機會一舉殲滅趙軍，那麼趙國日後緩過勁，必然會找機會雪恥報仇，這四十多萬人日後必然是秦國的心腹大患。

從趙國的角度來說，這時候長平已經是一個死局了。廉頗在前線損兵折將，連吃敗仗不說，最後還給趙王出了一個極不靠譜的主意：堅守不戰、以拖待變。可趙國的家底遠沒有秦國厚實，廉頗在長平拖了整整兩年，秦國沒什麼事，趙國的國庫倒是已經見底兒了。再讓老頭兒這麼拖下去，不但前線的趙軍要餓死，後方的趙國人也要吃不上飯了。

一直到這個時候，趙孝成王才想起來，後方還有個和秦軍打過仗的趙括。這個時候的趙軍其實就剩下少半條命了：損兵折將、連吃敗仗、士氣低落，所能依託的只有一條防線，後勤已經被秦軍切斷了，而且就算沒切斷，後方也沒糧食了——總之，是沒時間、沒空間、沒資源。

這個局面，誰來指揮都破不了，我們想像一下，這個時候讓人能感覺到的，其實是悲壯。趙王不知道，但趙括自己肯定知道這是有去無回。趙括的母親在趙王面前竭力貶低自己的兒子，實在攔不住了，又讓趙王承諾一旦戰敗追究責任，不能殃及趙括的家人。

趙國換上了趙括，秦國也換上了武安君白起。這裡面的邏輯就很有意思了，之前廉頗被王齕打得那麼慘，要是趙括真的那麼差，秦國人幹嘛還把國寶級的名將搬出來？

趙括到了前線，唯一能做的就是主動出擊，最後賭一把。趙括的主動出擊以失敗告終，趙軍被秦軍在一條河谷中圍困了四十六天。最後，趙括帶領殘餘趙軍對秦軍防線發起了自殺式衝鋒，趙括本人在衝鋒中被秦軍亂箭穿身，死在了戰場上。

從軍人的氣節、操守來講，趙括並沒有任何可以指責的地方，當時如果趙括選擇投降，憑他手裡剩下的十幾、二十萬人馬，完全可以給自己謀個好出路。按照史書記載，這一戰雖然以趙軍失敗而告終，但秦軍也傷亡慘重，短時期內無力再戰。能用一支殘破之師打出這樣的局面，顯然，趙括的軍事素養並不差。

而真正可悲的是，無論是趙孝成王還是老將廉頗，都沒有承擔一絲責任，所有戰敗的責任都落在了戰死沙場的趙括一人身上，可以說這君臣二人之前是無能，這時候簡直就是無恥了！如此頭腦，如此胸襟，這樣的領導者，誰會甘於為你效力？

無論是作為領導者，還是做為一般人，趙孝成王絕對是一個我們需要時刻警示自己的反面典型。

底牌是定好了的

任何改革，動增量肯定比動存量的阻力要小。
改革能不能推進，首先取決於人，
取決於是否可以讓足夠多的人成為新政策的受益者。
這裡說的受益，
是說人們在新的體制下能得到更多的機會、更多的可能性，
這和開倉放糧式的收買完全是兩回事。

商鞅變法 成功的改制重組

提升自我

我們大家都知道，商鞅變法為秦國統一天下奠定了最堅實的基礎。但商鞅個人在我們的印象裡，形象其實是很模糊的，除了變法、徙木立信，也就剩下最後被車裂了。對他去秦國之前的事，多數人就未必清楚了。其實要是細論起來，商鞅的故事放在今天，完全就是一個個人素養提升的典型案例。

我們首先瞭解一下「商鞅」的這個名字：在春秋戰國時代，中國人的「姓」和「氏」是兩回事。「姓者，統其祖考，之所自出；氏者，別其子孫，之所自分。」簡單地說，一個人的「姓」代表的是他的血統，是不能變的，「氏」是根據他的社會地位、所在地的變化而變化的。「商鞅」應該是周王室一支的血脈，所以應該是姓「姬」。「商」是他的「氏」，因為他後來的封地是秦國的商于郡。所以「商鞅」這個稱謂其實是在他功成名就以後才有的。在此之前，最早我們應該叫他「公孫鞅」，而只有國君的兒子才能稱「公子」，到孫子輩叫「公孫」。後來久而久之，「公孫」

就從一個身分變成了一個複姓。在戰國時代，你叫「公孫某某」，就說明你是有貴族血統的，比如公孫鞅。為了大家習慣，咱們在這裡還是繼續叫他商鞅。

商鞅的老家在衛國，差不多就是現在河南、河北、山東三省交界的那一片地方。當時，衛國就是一個人畜無害的小國，但是文化氛圍非常特殊。衛國的老百姓都是殷商的遺民，國家實行的也一直是商朝留下的法律和制度，而它的國君還有貴族，則是周武王姬發的兄弟及他們的後裔。如此一來，衛國這個國家內部，既有來自商朝的商業文化，也有來自周朝的農業文化，此外還有那麼點遊牧文化的影子。而且，這個國家地處三省交界的地方，所以在地理上，這裡也是一個不同地域文化的交匯之所。

除了商鞅以外，戰國時代對中國文明進程影響比較大的人物，比如吳起、李悝、張儀、呂不韋，他們的老家其實都在衛國。這麼多強者在一個地方紮堆肯定不是偶然的。奧妙就在「交匯」這兩字上。所謂文化多元化，並不是說讓好的壞的、先進的落後的並存就可以。不同的文化必須要能相互碰撞、相互競爭，幾種文化可以彼此交叉、雜交，優勝劣汰，這種真正意義上的多元化文化，才是具備競爭力的，因為它可以最大限度地彌補各種單一文化的短板。

放在現在來說，道理其實也是一樣的。不管你當初在大學學的是什麼專業，在有餘力的前提下，都不建議你朝著一個方向「一條道走到黑」，應該盡可能地多去接觸不同領域的知識，甚至去嘗試一些不同領域的工作，這對一個人來講是有百利而無一害。不需要你瞭解得有多深，但一定要廣博。

這種知識多元化，在本質上和文化多元化差不多，它首先帶給你的好處是讓你的未來具備更多的可能性。誰也不能保證你畢業以後一定就專業對口，更不可能保證你一輩子只做一個領域的工作。知識多元化的積累過程，首先培養的就是你的學習能力，如果一個人腦子裡的大部分知識都不是老師教給你的，而是自己學的，那麼在面對一個新領域的時候，這個人肯定會比其他人心裡更有底。

其次，這種多元化認知，會在看待同一個問題的時候，給你帶來更多的視角，這就意味著更多的解決方案和更多的機會。

除了生活在這種多元化的文化氛圍中以外，商鞅還有一個先天的優勢。他出身貴族家庭，從小耳濡目染，對上層的思維方式、政治鬥爭的基本套路肯定比普通人更熟悉。吳起在很大程度上就是栽在這個問題上。從這方面說，商鞅其實是屬贏在起跑線上的那批人，所以我們總說草根逆襲不易。

按理說，商鞅完全可以踏踏實實做他的富二代，什麼都不幹也能活得不錯。可是這麼幹太對不起老天爺給他的這顆腦袋了，所以他選擇了「出國深造」。對於這個問題，我們其實無法評論，放在今天，如果你的家庭環境原本就挺好，想選擇維持現狀，這本來是無可厚非的事。

不過，商鞅的這個決定完全改變了後面的歷史走向。

商鞅最早去的是魏國，當時最強大最富裕的國家。這就好比現在，多數人出國謀發展最希望的就是去美國，找工作總想著能進一家五百強企業。後來的歷史說明，商鞅的這個選擇其實是正確的。

那個時候的魏國早已經過了上升期，正處於穩定期。無論是國家還是企業，一旦進入這種舒適區，後面往往未必是好事了。當你手中的資源總量達到一定量以後，很多技術問題將變得不再是問題。說得直白一點，只要拿錢砸，就沒有搞不定的事，即便是你砸錢的效率不高，但是所造成的浪費在龐大的資源總量之下也不是什麼問題。這種時候，大部分工作其實是個人就能做，人才在其中的作用並不是完全不可替代的。

這種情況下，一旦內部再面臨紀律鬆懈，領導人又缺乏自律、不講規矩、任人唯親，那麼後面跟著的必然是整個管理層的潰爛。商鞅到魏國的時候，面對的恰恰就是這麼一個局面：之前積累的龐大財富，讓魏國哪怕是在一群蠢材手裡，也能維持基本的運轉。這種局面下，整個國家都必然是逆向淘汰，誰有能耐，誰就會成為整個體制的公敵。誰都能讓這個國家運轉下去，你非要把別人比下去，那你就必然是罪大惡極。於是整個魏國官場天天都在上演宮鬥戲，龐涓逼走了孫臏，丞相公叔痤逼走了吳起……

既然官場的活兒是個人就能幹，那麼誰留誰走，比的必然就是人脈和政治手腕，而醉心於這兩者的人，自然再沒精力去琢磨別的事，這種人做事的能力，也就可想而知了。

商鞅到了魏國以後，他那個小國富二代的身分就沒什麼含金量了，就像三四線城市的高富帥到了北、上、廣一樣。很快他在魏國找到了自己的第一份工作，給丞相公叔痤做中庶子，也就是私人助理。

顯然，在魏國的這種環境下，商鞅是很難有出頭之日的。如果他能力平平的話，或許公叔丞相會把他做為自己圈子裡的人，安排到某個崗位上去。可偏偏這個年輕人實在太厲害了，於是老主管公叔痤就表現得特別惜才，始終把商鞅留在自己身邊，雪藏起來。在公叔痤咽氣之前，國君魏惠王根本不知道魏國還有這個人存在。

但這對商鞅來說反倒是件好事。公叔痤對他的壓制，讓他反而不會受到魏國各種政治鬥爭的衝擊。那些王侯將相成天鬥來鬥去，人腦子都快打成狗腦子了，誰會沒事兒去注意一個私人助理呢？

那商鞅在魏國丞相府那幾年每天都幹什麼呢？除了日常工作以外，最主要就是潛心研究魏文侯和丞相李悝、上將軍吳起這些人留下的各種制度和政策，特別是李悝留下的《法經》。後來商鞅在秦國變法，他所頒佈的法律很大一部分都是在李悝《法經》的基礎上繼承再創作出來，連著名的典故「徙木立信」，其實都是照搬了吳起剛上任時的做法。

從這裡我們會發現，對於年輕人來說，那些大機構大企業可以給自己的股東提供豐厚的回報，但未必會給你提供太多的上升空間。當然，如果這家企業內部風氣比較健康，你自己的能力又格外突出，那就另當別論了。但另一方面，必須承認的是，這些大企業的從業經歷，確實可以對你的能力提升起到很大的幫助。這種時候，與其上來就忙著拉幫結派摻和到宮鬥戲中，倒不如在最初的兩年能沉下心來認真學習。

而如果換個角度，站在魏惠王的立場來看，我們會發現，穩定可能是他在位期間最大的成就，但同時也是最大的敗筆。生命在於運動，權力在於折騰。說得文雅一點就是流水不腐、戶樞不蠹。過分的穩定之下，你的「富」最終就會變成「腐」。這一點我們暫且按下不表，還是來說商鞅。

幾年以後，公叔痤突然病重，臨終時才想起向魏王推薦商鞅，而魏王也沒答應用這個人。這件事魏王做得其實沒毛病，一個之前聽都沒聽說過的小助理，因為前任CEO臨終前的舉薦，一夜之間就放在高管的位置上，魏王要是真答應了才是瘋了。

真正的問題其實還是出在公叔痤身上：私心實在太重。他一直雪藏這一個大才，直到意識到自己時日無多的時候，才發現門生故吏沒一個堪用之才，自己的小圈子裡找不出一個可以接班的人，而一旦這個權力圈子散了，公叔痤家族的利益也會隨之失去保障。電視劇《人民的名義》裡面，高育良書記一直把祁同偉當做自己的接班人培養，其實就是這個原理，為的是能夠延續自己的權力和利益。

公叔痤顯然沒有育良書記聰明，他直到快死了才意識到這個問題。當然還有一種可能，就是他這個病來得太突然，讓他根本沒時間佈局，最後只能死馬當活馬醫，弄出一個臨終舉薦商鞅的戲碼。不過這種細節我們也沒必要細究，總而言之，商鞅到最後也沒捲進魏國官場這攤渾水裡。最終，商鞅下定決心，要跳槽到秦國。

當時的秦國，說難聽點就是雞不下蛋、鳥不拉屎，說文雅一點就是瀕臨倒閉。它的一大半國土都被魏國占領，首都櫟陽距離魏國占領區不到兩百公里；南面的楚國、西面的戎狄都對秦虎視眈眈。秦三面受敵，就剩下櫟陽、商於、雍城三塊地方，而且這三地之間的聯繫隨時都可能被切斷。這個國家在經濟上就更差了，連年的征戰，積貧積弱，連國君都沒條件頓頓吃肉。

商鞅之所以選這個地方，絕不是心靈雞湯喝多了。他恰恰是透過秦國貧弱的表象，看到了這個國家的潛力，這才有了後面佛心鬼手般的手段，有了他與秦孝公這對史上最強大的ＣＰ。

合理用人

迄今為止，商鞅變法可能是中國歷史上最為成功的一次改革。為什麼這麼說呢？所謂改革，說白了無非兩種：修改利益分配和修改利益關係。前一種很簡單，就是「損有餘而補不足」。比如國家層面，給高收入階層加稅，同時給低收入階層增加福利；或者在企業層面，一段時間裡的加薪、發福利主要面向基層員工。

從古到今，改革的真正原因無非就是一點，「不患寡而患不均」。既然是「患不均」，那就讓它看起來「均一點」就好了——只要既得利益階層能夠稍稍收斂一點自己的貪欲，向下面釋放一部分利益，也就算是萬事大吉了。

但是很顯然，這種方法只能保一時，卻保不了一世。今天貴族們或是「深明大義」或是畏懼權威願意收斂貪欲，你就可以損有餘、補不足；明天人家不怕了、不想收斂了，那你還如何補不足？從宋朝開始，再到明清，這幾個王朝最後都是死在這個問題上——任憑皇帝氣得連蹦帶跳，士大夫們一個子兒都不願往外掏。

而要想徹底打破這個局面，你要改變的就不只是利益分配，而是利益關係。也就是說，你改的不是某一次分蛋糕的比例，而是永久性分蛋糕的規矩。一般來說，要做到這一步修改，往往需要的是改朝換代，而且即便是改朝換代，大部分王朝和前朝相比，也照樣是換湯不換藥。

在兩千多年以前，秦國的商鞅變法，絕就絕在它是在國內政治環境基本平穩的狀態下，對國家來了一次脫胎換骨。即便是過了兩千多年，它也絕對是一個改制重組的典型狀本。雖然這個改革名為「商鞅變法」，但其實商鞅在其中解決的，僅僅是技術層面的問題，這裡面真正把握大方向的是秦國的國君。可以說，秦國最走運的一點，就在於連續幾代君王沒有一個是糊塗人。臣子謀事，君王馭人，從領導者的角度來說，你所要做的最重要的事，就是選人和用人。

商鞅從魏國跳槽到秦國是經過深思熟慮的。他之所以認準了秦國，是因為當時秦國其實已經是最具備變法條件的國家。早在十多年前，秦獻公嬴師隰已經開始給秦國的這場巨變鋪路了：原本秦國有一個非常野蠻的制度，國君為了保證太子順利上位，會在自己去世時要求重臣自殺殉葬，這與現在有些企業高層調整會裁汰一大批中層是一個道理。秦獻公繼位以後，首先廢除了這個人殉制度，穩定了中層的人心。

嬴師隰這麼幹，從道義上說肯定是對的，但這並不能保證那些老臣就一定領情。

情義這個東西不能沒有，但是要換得忠誠，光靠它顯然是不行的，你還需要必要的利益捆綁。所以獻公還有後手——把秦國首都從原來的雍城東遷到了櫟陽（西安市閻良區）。櫟陽離魏國軍事占領區兩百公里，如此一來，秦國的國君和大臣，就成了「一根繩上的螞蚱」了。面對魏國，如果大家做不到同仇敵愾，誰也活不了，國君只是要錢，敵人是要命的，這個分量任誰都會掂量出輕重。

而更瘋狂的是，秦獻公在實力完全處於劣勢的情況下，以復仇的名義主動和魏國開戰，為收復被占領土，一連打了三仗。其實獻公心裡非常清楚，當時魏國的主要戰略方向在東部，只要戰爭規模僅限於秦國的領土，魏國就不太可能和秦國玩命。嬴師隰發動戰爭的名義在政治上完全正確，老臣們又剛得了國君的好處，所以無論如何也不可能反對這場戰爭。

連續的戰爭一方面加劇了秦國的經濟危機，但另一方面也強化了秦的中央集權，同時又為後續的繼任者在外交上留出了回旋的空間。裡外裡算下來，這步棋走得還是合算的，但風險也非常大。如果繼承人能力稍有不濟，後面秦國就只有破產倒閉這一條路了。

放在現在來說，改革需要的不是上下同心，而是上下同慾——大家的基本利益必須是一致的。而適度的外部壓力是實現上下同欲最佳的途徑。過分安定的內部環境其實並不適合改革，大家都在舒適區待著，誰會有動力陪你折騰？

要想完成改革，領導者還必須足夠強勢，如果勢力不夠強，那麼商紂王就是前車之鑒。所以要改革就必須先行強化中央集權，強化一把手的權威。

秦獻公的兒子嬴渠梁繼位以後，嬴氏家族對秦國的改造進入了第二階段：嬴渠梁首先把父親留下的政治遺產變現。經過上一代的折騰，他對秦國的持股比例已經遠高於父親，他首先開始和魏國談判，以停戰來換得秦國的外部和平。如果嬴師隰之前不打那幾仗，秦國談判的籌碼就只能是割地了，如今只要停戰就足夠了。因為魏惠王當時的注意力都放在了東部，秦國在西部的死纏爛打耗費了魏國不少精力，魏國對於停戰自然是樂見其成。

其實所有的談判都是這個道理，妥協並不一定就是出讓既有利益，你完全可以主動製造一個問題，然後在這個問題上讓步。

嬴渠梁的第二步是外聘CEO。秦國和其他諸侯國一樣，本質上都是股份制，要想重塑利益格局，那麼新任的CEO就不能和利益集團有瓜葛。嬴渠梁對外發出了《求賢令》，也就是「招聘啟事」，這個招聘啟事，即便放在今天也是非常有特色的。

首先，嬴渠梁把前六代國君為政不善的地方一一指出，這就等於給未來的CEO解決了一個大麻煩：如果大Boss要帶頭去「裝」、要遵守政治正確、要文過飾非，咬死了說秦國歷代老闆都是偉大、光榮、正確的，秦國的歷史是從勝利走向勝利，那你讓外聘的CEO怎麼做？改革很大程度上就是在糾錯，如果之前的政策制度都沒錯，那你還糾什麼？如此一來，之前的每一個錯誤都會成為限制管理者施展手腳的一道紅線。如今嬴渠梁自己先承認了這些錯誤，等於是去掉了這些政治上的潛在束縛。

其次，《求賢令》沒有說什麼「實現你的人生價值」或者是「追求崇高的理想」，裡面對待遇說得非常簡單明瞭——「與之分土」，也就是直接給你乾股。「理想」只能是留給人才自己去談，當一個老闆和你談「理想」談「價值」的時候，往往意味著他給不了你「現實」。

只有這樣的招聘啟事，才能給秦國招來商鞅這樣的不世大才。

此時的商鞅，早已不是十多年前那個小國的官二代了，這時的他對於李悝、吳起等人的法學精髓早已吃透，貴族出身加上對魏國官場鬥爭的耳濡目染，讓他對權謀的理解遠勝於吳起這樣體制外出身的官員。我們合理推想一下，這樣的人才，只要你和他接觸幾次，馬上就能從他的言談中發現異於常人之處。

即便是這樣，嬴渠梁在對商鞅的任用上也依然是非常慎重的。求賢若渴不等於饑不擇食，他要做的事是逆天改命，是要動一群國內最有權勢的人的蛋糕，這麼大的事，走錯一步就可能讓自己乃至整個國家萬劫不復。

商鞅到了秦國以後，整整沉寂了兩年，這段時間嬴渠梁所做的無非兩件事：首先，進一步地考察商鞅，並且和他進行思想上的磨合。所謂用人不疑，大前提首先是你真的搞懂了他要幹什麼。另一方面，嬴渠梁還要替商鞅儲備人才。任何事最終都要由人來做，想打破舊有的利益格局，你就不能指望利益受損者替自己幹活，只能是組建新的行政班子。這件事由嬴渠梁親自來辦，也保證了日後自己不至於被新的管理層架空——這是用人不疑的第二個大前提，就是你始終可以控制他。

經過兩年的密集籌備之後，嬴渠梁對商鞅的任命再一次讓人大跌眼鏡——任命他為左庶長，相當於現在的部級幹部。但是，商鞅即將要承擔的是大良造（國務院總理）的擔子。嬴渠梁之所以這麼做還是為了謹慎起見，因為一旦改革出了紕漏，商鞅身為中層幹部，理論上說只能算是政策的執行者，擔負的責任最多是辦事不力，嬴渠梁做為名義上的政策制定者就能替他擋槍，這樣對變法的衝擊就不會太大。如果任命商鞅為大良造，也就是CEO，那麼他主導下的變法要是出了問題，那就是政治問題，由此產生的後果只能由商鞅來承擔，到時候嬴渠梁也保不住他，且由此帶來的衝擊威脅的不只是商鞅，還包括改革本身。

商鞅欣然接受了這個職位，這說明君臣二人的配合已然達到了十分默契的程度。

我們看到，從一開始，嬴渠梁的佈局就是步步為營，把每一步可能遇到的狀況都算計到了。當時嬴渠梁頂多不過二十三四歲，商鞅不過就是三十來歲。後面整個中國的歷史，正是在這兩個年輕人的手裡完成了轉向。

其實權謀與忠誠、信任從來都不矛盾。法醫小說《屍語者》裡有這麼一個詞，叫「佛心鬼手」，這四個字放在政治以及職場可能更加合適。解讀一下這個詞，便是，你有再正的三觀、再光明的目標，都不應該拒絕必要的謀略和技巧，心是佛心，手為鬼手，這才是為人處世的最高境界。

秦國的商鞅變法，從最初的佈局開始，一刻也沒離開過權謀。

長遠佈局

前面我們說到，「商鞅變法」可能是歷史上最成功的一次內部改制重組。和電視劇《大秦帝國》裡面演的不太一樣，真實的秦國變法，裡面不光有決心、有熱血，更重要的是這裡面的技術含量是非常高的。教科書裡的商鞅變法，給人的印象就是一個「徙木立信」，好像在城門口扛了根木頭，這個變法就成了，其實真實歷史遠沒有這麼簡單。

秦國變法和其他諸侯國的都不一樣，它從開始計畫的時候，就是分兩步來走，這一點是非常不簡單的。我們知道，戰國時代的競爭烈度已經不是「激烈」，而是「慘烈」，亡國、倒閉這些都是旦夕之間就可能發生的事，所以各國君王都恨不得在一夜之間讓國家強大起來。秦國的情況在眾諸侯國裡是最糟的，雖然說這時候暫時穩住了局面，但是帳面數字依然是一團糟。嬴渠梁在這種局面下都能穩得住，氣定神閑地用兩年時間考察商鞅，在人事上為新政儲備人才，然後又能搞出這麼一個「兩步走」的方案，這樣的定力放在任何一個時期，能做到的人都是鳳毛麟角，說他是一代雄主毫不為過。

激情只適用於具體的執行者，做為領導者，冷靜和沉穩才應該是你應有的美德。我們做任何事、處理任何問題，首要之處就是要找到問題的癥結，並且自始至終能抓住這個核心不放。否則，你面對的就是一個個細碎的具體問題，如果頭痛醫頭、腳痛醫腳，那麼用不了多久，你就會淹死在各種問題的汪洋大海裡。

所謂變法，說白了就是三個目的：強化中央集權；壓制既得利益階層；扶持壯大中產階層。這裡面的關鍵之處在於第二條，強化中央集權就是要從貴族手裡拿權，壯大中產階層是要從貴族手裡拿錢。換句話說，就是要打破既得利益階層對社會政治權力和經濟資源的過度壟斷。

秦國變法的關鍵之處是要修改三樣東西：官制、爵位制度和稅制。

修改官制就是用職業官僚取代貴族世襲，這就相當於建立職業經理人制度，國君就是董事長，貴族就是大股東，你可以分紅，但是不能隨便插手與你無關的企業管理。

修改爵位制度，一是要讓平民有權利得爵，相當於員工持股；二是爵位不能世襲，這個和現在的遺產稅是一個道理，是為了避免階層固化。

而修改稅制，就是統一稅收權力。貴族在自己的封地上不能收稅，你可以分紅，但是你不能截留公司的盈利。這一條最為關鍵，因為經濟基礎決定上層建築。如果是一個耿直剛烈、特別不屑於權謀的人，你告訴他癥結所在，他肯定上來就「一劍封喉」，直接宣佈取消貴族的收稅特權，然後你就等著下面集體造反吧，吳起在楚國的變法就是死在這個問題上。

嬴渠梁和商鞅顯然沒有這麼愚蠢，他們在推進秦國改制重組的過程中，第一步就是挖既得利益階層的「牆腳」。任何改革都回避不了「錢」的問題，在利益分配上，秦國變法動的不是存量而是增量，商鞅從來沒動過向貴族階層加稅的念頭。

秦國新政第一個修改的是爵位制度：宣佈爵位不能世襲，只和功勞掛鉤。打仗立功可得爵，種地生產搞得好也可得爵，或者你有其他實實在在的貢獻也行，總之立功才可以得爵位。新政對大家一視同仁，不分貴賤，人有了爵位就相當於有了這個國家的股權，爵位越高，持股比例也就越高，可以說一個人的爵位決定了他的社會地位。之所以首先改革爵位制度，是因為嬴渠梁和商鞅對秦國的國情看得很透。

秦國的貴族和《紅樓夢》裡賈寶玉式的貴族完全不同，因為常年處於戰爭狀態，這批人根本沒機會「腐化墮落」，貴族子弟到前線打仗是家常便飯。而且，這些人的軍事素養和文化水平都不含糊，所以新的爵位制度對他們來說其實並沒什麼損失。而對平民百姓來說，這等於給了底層一個上升通道，讓草根逆襲有了可能，自然就是皆大歡喜。

在不知不覺中，這種以功得爵的制度，把平民中的精英一步一步地選拔了上來，形成了一個新的中產階層和一個脫胎於這個階層的新的政治精英，這些人都是新法的直接受益者，而且從數量上已經壓倒原來的既得利益階層。有了這麼一個基本盤，才談得上後面去「懟」既得利益階層。

由此我們可以看出，任何改革，動增量肯定比動存量的阻力要小。改革能不能推進，首先取決於人，取決於是否可以讓足夠多的人成為新政策的受益者。這裡說的受益，是說人們在新的體制下能得到更多的機會、更多的可能性，這和開倉放糧式的收買完全是兩碼事。

除了爵位制度以外，新法裡面還有一條現在聽起來非常不可理喻的條款，就是

「什伍連坐」，一個人犯罪，他的親戚朋友、左鄰右舍都要跟著吃官司，其實這一條也沒想像中那麼不可思議，中國幾千年來一直是熟人社會，我們現在這種隔壁鄰居是誰都不知道的狀態，也就是最近這二十多年的事。在此之前，一個人要是有點異常的舉動，周圍的熟人毫無察覺是不可能的，如果你把「什伍連坐」理解為「知而不舉為罪」，就合理了。

這個法條表面看對貴族階層沒很大影響，但是這裡面的奧妙就有意思了。頒佈法律搞連坐，首先就要對全國人口進行戶籍登記，誰和誰是鄰居我得弄清楚吧，於是嬴渠梁和商鞅把秦國的家底兒都摸了一遍，整個國家的人口和資產情況在他們心裡也就有數了。

新法頒佈了一段時間以後，農業生產情況開始好轉，糧食產量開始大幅度增加。農業是一國的基礎產業，用現在的說法，就是秦國的GDP開始增加了。這時候，嬴渠梁再次表現出他高於常人的一面，他非但沒增加稅收，反倒規定，如果農民增產達到一定數值，還可以享受稅收減免。

改革在初見成效的時候，最怕的往往就是決策者急著變現：之前我承受了那麼多壓力，挨了那麼多罵，現在終於開花結果了——這種情況下，很多人都會想著趕緊拿出看得見的成果來堵反對者的嘴，找補自己的面子。如果嬴渠梁真要把改革成果儘快變成大家都看得見的政績，商鞅根本攔不住。

可這種變現，最終損害到的是改革獲益階層的利益，這些人才是你真正的基本盤，更重要的，是會失信於人。那些反對你的人之所以罵你，不是因為什麼理念問題，而是因為利益衝突。以損害自己的基本盤為代價來換取反對派的幾句好話，絕對是得不償失的。因為隨著你的基本盤被削弱，人家非但不會給你好臉色，反倒會更加堅決地反對你。

總的來說，商鞅和嬴渠梁在社會財富分配方面的一系列舉措，都是以這種看似皆大歡喜，實際上慢慢積勢的模式進行的。

在整肅思想方面，秦國高層也是毫不含糊的。我們總說「焚書坑儒」，其實這是兩件事。「焚書」不是秦始皇發明的，最早下「焚書令」的其實是商鞅。當時的原話是「燔詩書而明法令」，「燔」的意思就是銷毀，就是查禁和國家大政方針相背離的出版物。當時一共就禁了兩本書，一個是《詩經》，一個是《尚書》，而且也僅僅是民間不能私藏，官方照樣會留著做學術研究。「明法令」，就是全國普法教育。秦國專門設立了一個官職，叫「法官」，這個「法官」和現在法官的意思不一樣，不是搞審判的，而是負責給人解讀法律條文的，一旦解讀錯了，當事法官會被按瀆職論處。

前面我們說了，改革的關鍵是人的問題，而人的問題，除了利益問題，另一個關鍵是思想問題。「燔詩書而明法令」，關鍵之處就在後半句「明法令」，後世文人為了黑秦，常常斷章取義，所以人們光記住了前半句。「明法令」，說白了就是不光要給老百姓利益，還必須通過政策宣傳，讓老百姓明白這個利益究竟是如何來的。做好事是必須要留名的，只有如此，才能真正聚攏人心，鞏固自己的基本盤。

在有了一定的家底以後，嬴渠梁又做了一件看似非常「奇葩」的事，連續對魏國發動了三次戰爭，並且三戰三勝，打贏了就回來，沒取魏國一寸土地。這又是為什麼？秦國建立了以功授爵的制度，給了草根逆襲的通道，那後面自然是提供立功的機會。光靠種地多打糧食，效率太低了，對普通人來說，要想以最快的速度立功得爵，最好的途徑就是打仗。只有打仗才能在短期內選出一大批平民新貴，也只有如此，朝堂上的政治力量對比才能出現根本性的改變。

這就又繞回到了前面說到的一個問題。改革需要受益階層的支持，朝廷應該提供的，是上升通道和機會，而不該是利益本身。通過這種渠道上來的那叫精英，如果搞李自成式的開倉放糧，直接向下層釋放好處，最後選拔上來的新貴階層，必然是投機專營者。因為你釋放的利益再多，也不可能惠及所有人，惠及的只能是某個階層中的一部分人。如果不是通過優勝劣汰得益，那唯一的方法，只能是通過投機鑽營得利。

從嬴渠梁的角度來說，改變國內政治格局就是最大的利益，這個目的達到了也就萬事大吉了。為了和魏國爭奪那點土地而增加政治的不確定因素，根本犯不上。萬一魏惠王被徹底激怒了，和秦國發生全面戰爭，那國內的改革必然會被中斷。

經過十年時間，秦國第一階段的變法才不緊不慢地走完。清朝的戊戌變法，光緒皇帝在一百零三天內頒佈了一百多份詔書，這和過家家沒什麼區別，就算沒有慈禧太后，他能成功也是見鬼了。一句話，改革急不得。這十年，嬴渠梁和商鞅把貴族的牆腳也挖得差不多了，新貴階層此時已經發展壯大，足以制衡舊貴階層。

於是，第二階段變法開始。後面的路就順暢多了，經濟上回收貴族的稅收權，政治上實現郡縣制，中央權力一直管到鄉村一級，改革的核心目標至此完全實現，一個全新的時代由此正式開始。

冰炭同爐 ❁ 秦法與激賞體制

立法基於人性

秦朝是我們國家歷史上唯一一個嚴格意義上的法制社會。所謂「秦法暴虐」，其實挺不靠譜。

兩千多年以前，秦人以法治國、以法強國，最終一統天下。其實歷朝歷代，哪一朝都有法，但完全用法律來維持社會運轉，而不是把法律當成官員手裡一個召之即來揮之即去的工具，在古代也就只有秦這一朝。如今古裝劇裡動不動就冒出來的「法外開恩」「法不外乎人情」這樣的話，你要是穿越回秦朝，可千萬別亂說——你這是動搖人家的立國根基。

即便是用現在的眼光來看，秦法中值得借鑒的地方也是不少的，這裡我們就來說說關於秦法的幾條冷知識。

首先說說當時的稅收制度。嚴格說起來，這個制度並不算是秦國人的創舉，他們也是從東方列國學習的先進經驗。先秦兩漢時代的稅收，收的不是錢，而是糧食和布匹，這個學名叫「租」，而稅收的大頭，在當時顯然是農業稅。

那時候農業稅徵收的標準，我們現在看上去可能會覺得太粗糙、太不近人情了：你的地土質好不好，陽光充不充足，取水方不方便……這些亂七八糟的事國家壓根不管，全國上下所有的農田都是一種徵收比例，一般情況下稅率是5％到10％，歷史上最低的時候能到3％多一點。這種一刀切的做法，看似簡單粗暴，有失公允，但其實是最公平、最合理的。

我們可以想像一下，要想把稅收精準化，每年或者至少隔幾年就得對全國的農田進行一次普查，然後就得根據不同的畝產，定出一個階梯化的稅率，那麼這麼做了會發生什麼呢？

首先，在任何時代，這種普查都必須動用大量人力深入基層，來一一排查。這些人自然是要吃財政飯的，這塊財政支出從哪來呢？自然是羊毛出在羊身上，只有增加相應稅收來彌補。

其次，有一點也是最可怕的，土地普查將提供海量的權力尋租空間。這種大規模普查，想一一核實、複查，幾乎是不可能做到的，那後面想一想也該知道會發生什麼。富裕的人家只需要花點錢，打點好這些基層的公務員，就可以把自己家的地統統算成低產田，這樣自然就可以在稅收上獲得好處。

我們知道，朝廷每年的財政消耗是一定的，這一塊是國家的「剛需」。既然富人們少繳了稅，那這部分稅收缺口該誰來填呢？顯然只能是沒什麼能量的窮人。那最終會怎麼樣呢？明朝末年，就是因為東南士紳拒絕繳稅，結果稅賦負擔全都壓在了北方的貧苦農民身上，終於逼出了李自成、張獻忠——這就是最後的結果。

當然，你可以說，有公務員腐敗那就反腐嘛。但這裡面畢竟有個概率問題，抓住了就倒楣了，可抓不住的，到手的就是真金白銀啊，而且為了降低被抓的概率，受賄的公務員必定會拿出一部分錢賄賂同僚和上司，拉一堆人下水，建立攻守同盟……

而且還有一個要命的問題，反腐只能是事後行為，在此之前，腐敗對國家造成的影響已經存在了，而這種破壞可能是不可逆的。

說句難聽的話，搞腐敗也是要遵從經濟規律的。一個地方如果能形成一個穩固的產業，那麼隨之就會有吃喝拉撒睡一系列其他需要，圍繞著這個產業就會帶動起周邊一大串下游產業，這就是基礎產業和它的產業鏈。腐敗其實也是這個道理，只要開了一個口子，腐敗經濟有了「基礎產業」，那麼後面自然就會衍生出和腐敗相關的產業鏈。

早在兩千多年前，我們的老祖宗們就已經發現了這些問題。秦的稅收制度在設計上避免了出現權力尋租空間，這比事後反腐更能從根本上解決問題。可以說，先秦時代的這種「一刀切」式的稅收模式，反而能獲得更真實的數據分析。國家每年都需要對上一年的糧食產量做一個統計，以此估算出當年的具體稅率，但是具體到每人每戶，這個統計和他們的利益並沒有直接聯繫——並不是說我少報一點產量就可以少繳稅，所以自然也就不存在瞞報的動機，只需要逐級呈報統計，就萬事大吉了。

第二，也是更重要的問題是，規則的制定，根本目的並非是維護每一個個體的公平和公正，而是為了降低整個系統的運行成本。在制定規則的過程中，你始終都應該堅持「算大帳，不算小帳」。你需要的是從整體層面計算各個階層的利益得失，而不是把自己代入到某個具體的人身上去算帳。比如當我們看到先秦時代一刀切的稅收制度時，多數人首先聯想到的肯定是，如果哪一家的地不好，那這家必然是這種制度的利益受損者。如果你是規則的制定者，那這個問題是不該去想的。這聽起來似乎有點冷酷無情，但是事實的確如此。一旦你的思路過於具象化，那後面必然會只見樹木不見森林。

以上是從規則制定者的角度來說。

而做為普通人，我們所看到的，可能是一個挺殘酷的現實——我們會發現，其實無論是一刀切還是精準化，只要你還居於弱勢，那最終你都必然是利益受損者，而且很可能誰都沒有錯。對此，唯一的解決途徑，只能是讓我們自己變得更強大。

這也算是給我們喝點勵志雞湯吧。

秦的法律體系有一個非常明顯的特點，就是冰炭同爐——罰，能罰到你膽戰心驚；賞，也能賞到你膽戰心驚。

秦的激賞體制是非常實惠的，而且基本涵蓋了社會的方方面面。無論你是打仗、種地、做工、經商、從政，只要做出了成績，那按照以功授爵的體制，你就都可以得到爵位，也就是秦國的乾股。這個爵位絕不是象徵性的，有了它，國家就會給你相應的土地、房子，而且和現在的股份一樣，這些也可以轉讓出售。如果你們家親戚有誰在監獄裡服刑，只要你樂意，就可以用自己的爵位換取他的減刑甚至是提前釋放——當然你的爵位也就沒有了。

這麼實惠的賞，為什麼有時候卻能賞到你膽戰心驚呢？如果你立了功，國家要賞賜你，而你想客氣一下，說「愧不敢當」「不要了」，那麼官員很可能會立馬翻臉，直接把你丟進大牢裡去。秦法當中有這麼一條，功而不受賞，為罪。這一條在當時的中國，也並不是太驚世駭俗，孔子對這一條，應該是讚成的——別忘了，儒家和法家一直都是不衝突的。

歷史上有一個「子貢贖人」的典故。魯國有一條法律，如果魯國人在外國見到同胞遭遇不幸，淪落為奴隸，只要能夠把這些人贖回來幫助他們恢復自由，就可以從國家獲得補償和獎勵。孔子的學生子貢把幾個魯國人從外國贖回來後，想玩一把高風亮節，拒絕了國家的獎勵，結果回來以後孔子非但沒表揚他，還將他罵了一頓。孔子的另一個學生子路救起一名溺水者，那人為感謝他，送了他一頭牛，子路大大方方就收下了，他老師反倒誇了一番。

這裡面的道理非常簡單，說白了還是一個算大帳和算小帳的問題。無論國家對你的賞賜有多豐厚，可是對一國來說，真不缺你這仨瓜倆棗。受賞者如果自己玩高風亮節，拒絕賞賜成就虛名，還獲得了社會的認同，那必然就會給後來者形成道德壓力，一旦立功得賞了，別人接受還是不接受？接受了，有你這麼一個所謂的標杆在那，人家該怎麼自處？不接受，好些草根出身的人，可能就指望這條途徑改變命運呢。

你玩「高風亮節」，玩「道德標杆」，看似為國解憂，事實上從根本上破壞了國與民之間勞而必得、功而必賞的契約，由此產生的危害會危及整個社會的正常運轉——有你這麼一個惡例在這，今後誰還敢為國家立功？做了貢獻，不但改善不了自己的生活狀況，反倒會讓立功者背負道德壓力。你這是在懲善揚惡、獎懶罰勤，孔老夫子看到了也是要罵人的。

這個世界上最大的惡，恰恰是打著道德的旗號，做著事實上最不道德的事情。所以在秦國，則乾脆以法律的形式明確規定，你這種「裝」，屬嚴重的犯罪行為，是在挖大秦帝國的牆腳。

坦率地說，在這個問題上，今人其實反倒不如古人高明。如今在我們的宣傳中，似乎已經形成這麼一種慣例：為國家做出貢獻的人，必須是過得越慘越有宣傳價值，清貧都已經滿足不了某些人的「道德癖好」了，最好是他們全家十幾口人擠在一個幾平方米的、四面透風的小屋裡，他自己或者家人重病纏身，孩子得不到像樣的教育，要是沒孩子那就更好了……

好容易得著一筆獎勵，甚至可能是烈士的撫恤金，你不拒絕，或者不把它捐給希望工程，你就是嚴重地不道德……

試問這種邏輯，不是在懲善揚惡又是什麼？不知道從什麼時候開始，那些成天吟風弄月，沒事就去秦淮河喝花酒的文人們，給老百姓灌輸了這樣的概念：無利不起早、勢利之徒、利慾薰心……只要是沾上一個「利」字，在我們的辭典裡就找不出幾個褒義詞來。

在這個問題上，先秦兩漢時代的人們看得遠比後世要明白。司馬遷在《史記》裡說過，「天下熙熙，皆為利來；天下攘攘，皆為利往」。這兩句話在本意上不帶任何感情色彩，所描述的就是人類本性、客觀事實。

如今大家總說企業文化，在兩千多年前，秦國也是有企業文化的。功而不受賞者為罪，得賞以後，哪怕你招搖過市，都沒人說你。在秦軍當中，不同爵位的士兵，連每天吃的飯都有明顯的高低之別，這個差異不是因為職務、出身，而是取決於你立了多大的功，得了多高的爵位。只要你做出了貢獻，就該大大方方享受國家給你的獎勵。

秦國因法而強，而秦法之所以能造就這麼一個大帝國，除了不別親疏、不殊貴賤之外，另一個要素正是，他們制定法律不是基於什麼理想、什麼理論，而是基於法家對人性的深刻瞭解。

注

秦朝律法真是「統治階級壓迫人民的工具」嗎？真的「重農抑商，阻礙了後世中國進步」嗎？從雲夢竹簡和睡虎地竹簡上的記載看，已知的秦法有三十多種，其中經濟法就占了十一種：《田律》、《倉律》、《廄苑律》、《牛羊課》、《金布律》、《工律》、《工人程》、《均工》、《司空》、《關市》、《效律》。這些條款顯然談不上什麼「壓迫人民」，而是為了規範商業。假如真要是「抑商」，那完全可以一禁了之，根本無須這麼麻煩。

事實上在戰國時代，任何一個諸侯國都不可能去禁止商業、關起門過日子，因為這將意味著別人都在利用全天下的資源搞經濟，而你卻只著眼於自己的一畝三分地。在大爭之世，這無異於自殺。

除去這些，秦法中很大一塊是拿來治官的。譬如秦律中還有「今課縣、都官公服牛各一課，卒歲，十牛以上而三分一死；不盈十牛以下，及受服牛者卒歲死牛三以上，吏主者、徒食牛者及令、丞皆有罪」這樣的條款。大意是：養牛場要是養的牛有十頭以上，一年死了三分之一，或者不到十頭就死了三頭，那麼從縣令到牛場負責人統統有罪。秦漢時代，養牛場是國營的，也就是說，那時搞垮國企或者導致國資大量損失，一千官員都是要吃牢飯的。

拒絕「高級黑」

這裡我們要說的，算是一條歷史冷知識。在秦國的法律裡面有這麼一個條款：秦政、秦法不得頌揚。

在兩千多年前的秦國，不但不能對國家政策造謠誹謗，隨便歌功頌德也被法律明確禁止。如果你穿越回秦朝，千千萬萬記住這一條：拍馬屁是要吃官司的。

史書裡記載了這麼兩個例子。

《史記‧商君列傳》中記載：「行(指變法)之十年，秦民大悅（老百姓Happy了，都感覺世道變好了），道不拾遺，山無盜賊（治安好了），家給人足（生活富裕了）……秦民初言令不便者有來言令便者（當初到處宣揚秦國改革如何如何不好的那批人，現在又開始組團誇大秦改革改得好了）。」

結果商鞅的回應讓人大跌眼鏡：「此皆亂化之民也（這些人敗壞了社會風氣，拉低了社會底線），盡遷之於邊城（統統流放到老少邊窮地區支援當地建設去），其後民莫敢議令（這件事以後呢，這類人統統閉嘴了）。」在古代，因為交通不便，人們出一次遠門是非常困難的，所以流放、發配，即便不會讓你死，也能要你半條命。所以這個處罰，可以說是相當嚴厲了。

這裡面比較有意思的是，按照《史記》裡面的說法，最開始罵改革的人，和後來誇改革的人，其實是同一批人。也就是說之前他們罵的時候，沒被怎麼樣，最起碼沒有受這麼重的處罰。

而且這還不是唯一的例子。秦昭襄王嬴稷的時候，有一次嬴稷得了重病，於是各地有不少人都開始發起倡議：搞眾籌，讓老百姓自發籌錢，買牛宰了祭天，為君王祈福。這個活動，其實和現在動不動就有人在微博上點蠟燭的性質差不多，但是要論下的本錢，可比發微博大多了。

這裡需要解釋一下：在古代農業社會，牛是經濟的基礎，地位和現在的石油差不多。牛屬國家的戰略資源，別說隨便宰了祭天，在秦國的國營養牛場，如果一次性死了超過三分之一的牛，相關的官員，從上到下統統都要被抓去坐牢的。這次熱心群眾為老闆祈福的活動，最後的結果同樣是讓人大跌眼鏡的。嬴稷緩過勁來以後，非但沒有感動，反而下令廷尉府徹查。

我們前面說過，秦是中國歷史上唯一個法治朝代，就算是秦王氣得跳腳罵娘，他也不能像電視劇裡演的那樣，直接一聲令下就把人推出去斬首，一切都得按流程走。秦王給丞相下令，然後丞相再給廷尉府發公文，讓廷尉府來查辦，然後把最終結果呈報上去。

最後查辦的結果是，這次搞眾籌給老闆祈福的所有參與者，每個人被判罰甲兩副——就是要求你在規定期限裡，去置辦兩套鎧甲，然後交給國家。按現在的標準來看，這相當於一下子被罰了十幾萬。

從這兩個記載來看，秦法不得頌揚這個條款並不是一句空話，而是真正被執行過的，商鞅當初制定這個法條是非常認真的。乍一聽上去，可能大家都會感覺非常不合情理。俗話說，伸手不打笑臉人，伸手不打送禮的，可偏偏在兩千多年前的秦國，這麼幹就是要挨打。

之所以定下這麼一條法律，商鞅有兩方面的考慮。

其一，是為了避免出現官員沽名釣譽，光搞「面子」工程的問題。

打個比方：一條河分成兩個河段護理，一個河段的主官兢兢業業，嚴格禁止老百姓在洩洪道裡私搭亂建，每年都組織青壯年勞動力加固河堤。有朝一日洪水來了，這個地方因為基礎工程做得扎實，老百姓雖然沒有受災，但是也不會對主管官員有什麼好感。

另一個河段，主管官員平時啥事不幹，隨便老百姓在洩洪道裡私搭亂建，怎麼高興怎麼來。到了發大水的時候，這位就身先士卒，奮戰在抗洪搶險的第一線，幾天幾夜沒合眼，最後累暈過去，剛被抬下去，醒過來又沖上去……

要是論口碑、評價，顯然是第二個官員更得人心，他平時不得罪人，關鍵時候還把老百姓感動得痛哭流涕。在第一個官員的治理下，人們沒有受到洪水之苦，就只會記得他平時的嚴厲，不讓幹這個、不讓幹那個，還年年拉著你上河堤挑土搬石頭，真是勞民傷財。但從理智上說，顯然第一個才是合格的官員，第二個應該叫瀆職、懶政。

但是，上級面對所謂的民意時如何取捨，這是很為難的，所以商鞅乾脆嚴禁人們誇獎官員。這麼一來，對一個官吏的評測就完全是按績效考核來走，排除了其他不必要的干擾因素。

從人性的角度上講，對多數人來說，要喜歡一樣東西或者說被什麼東西感動，很容易，有一時的感覺就足夠了。但是這種感覺來得快，去得也快，就和如今人們的衝動型消費是一個道理，買的時候，喜歡得不得了，好像不買就活不過今天了，可買完了，過不了多久，感覺就沒了。

可是多數人要恨一個東西，就要難得多。這個「恨」不等於看著不順眼，看不順眼頂多可以不看，恨是非得要這個東西、這個人徹底從世界上消失了，你才會感覺到舒坦。一般來說，非得是自己的利益受到了實實在在的侵害，才會引發人們的恨意，人的恨往往比愛要來得更真實。

一件事我們做得好與不好，關鍵要看罵的人有多少。要知道，罵人和誇人不一樣，不考慮少數奇葩，對多數人來說，無論罵的是誰，多多少少都會有點心理上的阻力。他能罵出來，說明他的理念確實和你有衝突。所以，罵的人越少，說明這件事推進的阻力越小，後面做成的概率就會很大。

相反，如果一堆人對你齊聲讚揚，你可以高興，可以欣慰，但萬萬不能把這個讚揚太當回事。尤其是現在，點讚無非是動下手指頭的事，來得容易，去得也容易，如果你真拿這個當參照因素，最後很可能會坑死自己。

商鞅的這道法令就是為了避免出現「高級黑」的現象。所謂「拍馬屁」，還有一個叫法是「阿諛奉承」。假使有人僅僅是動動嘴皮子，通過頌揚秦王或是秦法就能獲得實實在在的利益，那後面無論是官場還是民間，必然會有投機鑽營之徒紛紛效仿。

假使秦國高層在決策上出了什麼疏漏，那這些投機者照樣會把這些錯誤說得無比光榮、偉大、正確。誰敢流露出不滿情緒，他們就會對這人橫加指責，說你這是抹黑大秦帝國的光輝形象，企圖勾結六國破壞秦國統一天下的大好形勢，或者是告訴你，函谷關又沒加蓋子，你要是不滿意就可以滾去山（崤山）東六國……

試想一下，如果這種現象真的氾濫了，那結果會怎樣呢？這些口口聲聲維護大秦帝國形象的鑽營之徒，在世人眼裡，他們儼然就是秦國官方的代言人。有這樣一群人存在，只會讓百姓對秦國徹底失望，甚至於老百姓會被徹底激怒，陳勝、吳廣可能就要提前一百多年出現了。

現在網路上有一句話特別有道理，叫「一粉頂十黑」。從古至今，大到一國，小到一人一事，這是放之四海而皆準的。我們都說，人的舌頭是軟的，可是它卻能殺人，而相對於誹謗和謾罵，捧殺的殺傷力才是最大的。

對於造謠和污蔑，我可以拿出真相據理力爭，可是這種捧殺，人家的策略是上來先把自己和你綁在一起，然後開始打著你的旗號，去打擊你的基本盤，讓你的衣食父母和你最終反目成仇。

這種捧殺，有心的、無意的，最終的效果都是一樣的。這就好比有的公眾人物，最能毀他形象的，往往就是他的粉絲團。對企業而言，很多時候，公關危機恰恰是他們自己的危機公關部門給搞出來的。比如你的產品或者服務出了疏漏，原本賠償加道歉就可以了，按照傳播學規律，這點新聞的熱度可能連一週都維持不了，就沒人記得了。可是有些公關部門非要把受眾當傻子，雇傭一大堆行事拙劣的水軍抹黑受害者，或是搞一堆專家學者開研討會，說一堆他們自己都不信的假話、空話，結果一番折騰下來之後，劣跡非但沒有消除，反倒搞得人盡皆知，估計這輩子都不會忘。

比較典型的例子就是前一階段美聯航發生的事件。安保把一個越南裔醫生強行拖拽下飛機，開始的時候，美聯航一口咬定自己沒錯，甚至為了轉移話題，把當事人過去的一些劣跡都挖了出來。問題是，人家以前做了什麼，和你現在的錯誤行為有關係嗎？

結果這件事搞成了世界級的新聞。關於這家航空公司過去的種種劣跡，人們的記憶都被喚醒了。在危機公關部門的不懈努力下，美聯航的股票市值開始縮水，最後實在實在頂不住了，才用1.4億美元的賠償金和當事人和解。

類似的問題在中國內也存在。過去大家忽視輿論的作用，如今有些機構又開始迷信輿論的作用，認為政策層面、產品質量層面、服務層面……總之，任何方面出了問題，靠所謂的危機公關都可以擺平。他們的辦法就是頭疼醫嘴，腳疼還是醫嘴，結果往往是芝麻大的窟窿，最後被挖成了火車隧道。

《呂氏春秋》精準的行銷推廣

如何建立自己的基本盤，或者建立自己的人脈？

之前我們說過，秦國通過商鞅變法，徹底改變了利益格局，但是這並不等於一勞永逸。隨著國家的發展壯大，秦國的政治環境也在變。商鞅變法在經濟上扶持了國內中產階層，在政治上強化了中央集權，同時打破了貴族對國家政治、經濟資源的壟斷，打通了社會下層向上層發展的通道。

然而，久而久之，原本用以制衡貴族政治的布衣官僚們，卻慢慢形成了新的既得利益階層。這就好比現代企業，為了讓企業運行規範化，建立了職業經理人制度，最終反倒搞成了企業管理層和董事會互「懟」的局面。從政治層面來講，這就成了貫穿中國古代兩千多年歷史的君權和相權之爭。

從利益角度來說，多數人都會存在一種坐公交車心理：你沒上車的時候，都希望通道順暢，自己能順利地擠上車；你一旦上了車，那就希望趕緊關門，後面不再有人上來，這樣自己才能在車上舒服一點。

兩千多年前商鞅的改革，給平民精英們提供了擠上車的機會，而當他們坐穩以後，也開始琢磨如何關門，不讓更多的人擠上來了。關於這個問題，我們是無法用什麼契約精神或是道德說教來解決的，因為它的根源是人性，是人趨利避害心理下的必然選擇。唯一可靠的解決途徑，就是用規則和權力來加以制衡。

秦國從秦孝公往後，先後經過了六代君主，到了嬴政登基以後，秦的政治環境已經不再是一百多年前的樣子了。於是秦國的新貴階層、秦的官僚階層在呂不韋就任丞相以後，就開始琢磨要關門、轟人了。

任何問題，首先要解決的都是人的問題。無論我們要做什麼事，首先要甄選出同道中人，建立自己的基本盤。放在如今的職場來說，就是建立自己的人脈、關係網路。

對比以前一言不合就政變的模式，呂不韋對秦國政治的攪局，顯得更加優雅。他沒有在朝堂上去和秦王互「懟」，也沒在下面使什麼手段，而是自己出資，編了一套叢書，叫《呂氏春秋》，全書二十六卷，一共二十多萬字，在用竹簡的年代，這個規模差不多相當於現在的《資本論》了。

書裡融合了儒、道、法、墨、兵、陰陽等多派學說的觀點，看上去就是一部學術著作，但其實裡面有呂不韋自己完整的思想。簡單說，就是主張要進三退二——商鞅時代國家的政策進了三，現在需要退二。

不考慮書裡面的技術問題，單從利益角度來說，這個時候大批的秦國官吏確實有這個需求。商鞅為秦國設計的制度使得整個國家都充滿了活力和壓力，人們的生活節奏就像現在北、上、廣、深這樣的一線大城市一樣，不管什麼階層，都處於停不下來、歇不下來的狀態。久而久之，秦國成了超級大國，滅六國統一天下在當時不過是時間問題。這個時候，多數官吏都不想這麼連軸轉了。

原本他們是秦國法律體系最大的受益者，如今這套體系成了他們固化自己利益的最大障礙。其實一切改革都是如此，環境在變，改革的基本盤同樣也在變，今天的支持者，在若干年後站到了對立面，這並不奇怪。如果你把一切希望都寄託於所謂的「忠誠」上，那麼最後的結局，往往是會讓人失望的。

呂不韋的《呂氏春秋》，迎合的正是這樣一種環境的改變。

光是編纂一本書，對政治攪局來說，是遠遠不夠的。在《呂氏春秋》完成以後，呂不韋和他的公關團隊搞了一次成功的網路推廣。他們向全國宣佈，誰能改書中一個字，就賞千金。

春秋戰國時代的社會特質決定了當時的政治遠比後來要更平民化，所以那個時候的政治家裡，非常容易出行銷、推廣類的高人。吳起和商鞅都搞過徙木立信，誰扛著跟木頭走一圈，就賞百金。按照物價換算，這相當於現在北京二環內的一套小戶型了，這就是一次成功的信譽推廣。

呂不韋搞的這個「改一字賞千金」，同樣是一次行銷推廣，但他這一次和商鞅那次還是不一樣。商鞅那次推廣，受眾面非常廣，涵蓋全民，用現在行銷領域的話說，思路就是「得草根者得天下」。而呂不韋走的則是精確篩選目標群體的路子——要想改書裡的內容，那你首先就得先把書看一遍，能把這本大部頭通讀並且搞懂的，肯定都是知識階層中的精英。

呂不韋用這麼一部高難度的著作，精確地篩選出了自己的目標人群。以這些人的知識水平和理解能力，他們自然很容易就能看出書中所隱含的思想主旨，而呂不韋的進三退二的主張，和這個階層的利益訴求又是完全一致的。

於是，在一場學術活動的掩護之下，呂不韋不聲不響就建立起了自己的基本盤。他的支持者，是這個國家裡知識水平最高、最聰明的一批人，這些人當中，身居要職或是手握大量政治經濟資源的，自然不在少數。

更絕的是，這些人多數可能都沒和呂不韋見過面，但是大家已經做到了上下同慾——因為他們的利益取向和《呂氏春秋》裡所表述的是完全一致的。對比那些私底下偷偷摸摸串聯走動、拉幫結派、彼此賭咒發誓立盟書之類的手段，呂不韋的手段是不是更加的優雅和高明呢？

其實無論是搞改革還是去攪局，從技術層面來說，套路都是一樣的：首先你需要看清大勢，如果大環境不容許，那你就是螳臂擋車，只有環境成熟了，一切才可能談起。呂不韋的這次推廣能夠成功，前提是秦國的官僚階層已經有了利益固化的訴求，呂不韋所做的，不過就是順水推舟而已。

政治永遠是一門「玩」人的藝術，我們做任何事，都需要先建立自己的基本盤。所謂的基本盤，細說起來又可以分為三個層面：

第一個層面，利益一致者。你和他們無須建立太多的密切聯繫，因為利益一致，最起碼他們不會是你的反對者。你要做的是，在行事時不要傷害到這些人，將人家推到對立面。商鞅變法時的底層百姓就屬這個群體，他們在多數時候是屬沉默的大多數，可是如果他們反對，那你將寸步難行。不論你要做什麼，對大眾抱有必要的敬畏之心，這是最基本的處世原則。

第二個層面，支持者。支持者並不是指狂熱的粉絲，而是指從前一群體中甄選出的精英。這些人應該具有實際行動力以及高於多數人的自我思考能力、判斷能力，說得直白些，這些人首先得是聰明人。

絕不能靠收買、賄賂來建立自己的支持者群體，這不僅僅是道義問題，而是這種收買換來的忠誠度，必然和你所掌握的資源成正比，一旦你的資源保有量出現波動，那這些人必然會一哄而散，從而加劇你的危機。收買所得到的支持者，在質量上也是無法保證的，保不齊他們就是會把你坑死的「豬隊友」。

商鞅是通過以功得爵的模式，從平民階層甄選出了布衣精英，而呂不韋則是通過一部《呂氏春秋》，從國內的知識階層中甄選出了與自己價值取向一致的精英群體。這些人很難有機會和商鞅、呂不韋面對面交流，但是他們在思想上是一致的。一旦這些人坐到了中層管理者的位置，也就是相當於現在政府中處局級的水準，那麼基本上等同於整個權力體系都已經在事實上忠於你的這套思想體系了。

不僅僅是對管理者而言，即便是對普通人來說，人脈的質量也絕對比數量重要。拓展關係網的最根本之處，是首先要自己變得強大起來。一個人是否能讓其他人接納，不在於他是否對人低三下四，而在於他本身的價值。互相吃吃飯、遞個名片加個微信，這算不上是拓展人脈。那些只是吃吃喝喝、互相吹捧的低質量圈子，其實不融入也沒什麼關係，至少說，沒必要對這些過多投入時間和精力。

基本盤的第三個層面，就是核心圈子，這裡面的人將是你直接依靠的力量。

呂不韋是戰國時代攪局「壞分子」裡境界最高的一個。他看得清大勢，選得對基本盤，明白攪局大業人才先行的道理。

秦國朝堂上要求二次改革、局部廢除商君之法的動議，原本就沒停止過，時不時就會冒出來一次，如今新崛起的官僚階層也加入進來，無形中給秦王增加了巨大的壓力，在這種日積月累的壓力下，秦國上層做出改變是遲早的事。這是呂氏攪局的又一個創舉，零打碎敲，蠶食前進。

好在這期間出了一連串的意外。先是在嫪毐叛亂中，呂不韋站錯了隊，嬴政借機會罷免了這個攪局高手的相位。這也只能是揚湯止沸，暫時把開倒車的呼聲給壓下來。繼任丞相王綰，其實也是呂不韋的支持者，這老頭籠絡了大部分知識階層的精英，嬴政要是不用這些人，手裡也就沒人可用了。

秦國打了十五年的統一戰爭，這段時間裡國家一致對外，也就沒機會討論別的，秦國的朝堂上總算消停了十五年。可是時間只能消弭感情，消弭仇恨，卻消弭不了人對利益的訴求。戰爭剛結束，做為帝國CEO的丞相王綰又帶頭舊事重提，還是主張分封制。

經過十五年的戰爭，嬴政建立起了絕對的威信，軍方也堅決站在了他這一邊。朝堂上的君臣互「懟」，嬴政並沒落下風，但是也沒占上風，畢竟他面對的是全公司大部分的高管。

最終秦國董事會和管理層的矛盾徹底激化，CEO王綰宣佈辭職，與此同時，大量民間的老學究也被捲了進來，這才有了焚書坑儒。

李信伐楚

有擔當的老闆才可愛

有的時候，要看清一個人乃至一個國家的真實實力，不能光看他順風順水的時候，還得看他失敗時候的表現。本質上說勝敗是實力和能力的問題，但這裡面也確實有概率的因素。一個人或是一個團隊再強大，也不可能保證永遠不犯錯，更不可能保證永遠碰不到意料之外的倒楣事。勝多敗少是實力夠強大，只勝不敗，那就是好運氣當頭了。

從公元前二三〇年算起，到公元前二二一年，嬴政只用了十年時間，就滅六國統一了華夏。在此之前，秦國已經有了六代君王的積累，家底豐厚，而其他六個諸侯國，在嬴政時代都已經被削弱得大不如前。所以這十年的戰爭並沒什麼懸念，也就沒有太多值得說的東西。這裡面唯一可圈可點的，反倒是嬴政少有的一次敗仗——秦滅楚之戰。

楚國這個國家在當時說不上強，但是它具有遼闊的國土，巨大的體量。現在的湖南、湖北、重慶、河南、安徽、江蘇，以及江西的一部分，在兩千多年以前全算是楚國的地盤。秦國要滅楚國，就好比是一頭強壯的獅子去吃一頭年老體弱的大象，吃是吃得了，但是肯定不容易。

面對這麼一個對手，當時秦國高層出現了兩種意見。

一種是老將王翦提出來的：要徹底滅了楚國，必須集中六十萬兵力，步步為營，耗時最少要兩年。這是什麼概念呢？六十萬秦軍從陝西出發一路打到現在的江西省北部，以兩年時間計算，消耗糧食至少要五十萬噸，這還沒把馬消耗的糧草算進去。這麼大一筆開銷，秦國也能拿得出來，但是，基本算是把當年的財政預算徹底掏空了。

另一種意見是當時新崛起的少壯派李信提出來的：動用二十萬兵力，打閃電戰，速戰速決滅了楚國。

幾次反覆爭論以後，嬴政最後決定採用李信的方案。這個其實很好理解，我們說當家才知柴米貴，嬴政做為一國之君，肯定要考慮國家的家底兒問題，而且李信也不是只會耍嘴皮子的菜鳥，在此之前他的確打了不少漂亮仗，在年輕一代將領中算是數一數二的。

管理者在權衡幾個方案時，心裡肯定會自覺地傾向於花錢最少的那個，如果某個方案要求你把企業全部的帳面資金都投進去，這時候無論這個方案理論上的風險有多低，大家肯定會在心理上排斥它，這本來就是人尋求心理安全感的正常反應。

這麼一來，老將軍王翦不幹了，選擇辭官歸隱回老家了。用現在慣常的辦公室政治視角來看，很多人肯定會覺得這老頭情商太低，這個時候辭職，說明他堅信「我是對的，你是錯的」，這明顯是在給嬴政撂臉子。但接下來的事實證明，王翦的判斷是正確的。

李信率領著二十萬大軍開出咸陽，隨即兵分兩路，馬不停蹄地向南猛攻，中間幾乎沒有任何間斷，很快就逼近了楚國的首都壽春，也就是現在的安徽壽縣。按照李信的設想，這種快速打法不給楚人一點喘息之機，在他們組織起大規模反擊之前，秦軍就已經打完了。

願望很美好，這和二〇〇三年美國打伊拉克時小布希的想法如出一轍。

這個方案能滅掉楚國嗎？能。但有一個大前提，這中間各個環節一點也不能錯。李信的方案屬一環緊扣一環，幾乎沒有一點容錯率。他手裡一共就二十萬兵力，還分成了兩路，在五六個省那麼大範圍的戰場作戰，一點機動兵力也沒留，如果某個環節出現意外，那可就是滿盤皆輸。

如果我們手裡沒多少本錢，為了生存最後一搏，賭一把運氣，像李信這麼幹是完全正確的，可如果是一個實力雄厚的大公司，這麼幹就完全是給自己找不自在。明明可以拚實力，你卻非要和別人賭運氣。

果不其然。李信最開始打得順風順水，但是各支部隊怎麼也不可能一點意外情況都遇不到。有的部隊遇到意外耽擱了，在通訊落後的古代，這種情況不能及時通知到其他部隊，而大家還在按原計畫往前推進，於是秦軍各部之間的距離開始越拉越大，和後勤補給的距離也越拉越大。

其他意外情況也發生了。已經投降的幾個城市突然反叛，徹底攪黃了李信的計畫，因為他手裡一點機動兵力也沒有，這幾個點的崩盤，導致秦軍戰線全線崩潰，頭一天還在高歌猛進的二十萬大軍，第二天就變成倉皇逃命了。三天之內，秦軍全面潰敗，相當於師一級的高級軍事主官就陣亡了七個，主將李信也是僥倖才逃了出來。

如今有句很俗的話：「能用錢解決的問題，就不是問題」。這句話不無道理，大到國家之間的戰爭，小到企業做項目，成敗歸根到底靠的是實力、資源，它們決定了某件事你能不能做，而所謂技巧、謀略，這些因素能決定的只是資源的利用率高低。你做的事越大，越不可以倚重那些看似花稍的技巧，所謂重劍無鋒、大巧不工，說的就是這個道理。

事情發展到了這一步，估計很多人會認為李信必死無疑。這個主意是他出的，仗也是他指揮打的，給他安一個敗軍辱國的罪名，可以說是順理成章的事。可嬴政偏偏沒按這個「常理」去走，據史書記載，嬴政並沒有遷怒於任何人。這次失敗說到底是戰略決策的失敗，李信只是一個將官，是決策的執行者，這個決策最終是嬴政自己拍板的，他想靠技巧性的東西來節約一點項目支出，卻忘了大巧不工的道理。

嬴政赦免了李信的死罪，又親自到老將軍王翦家登門道歉，請老頭重新出山。這兩件事一做，也就等於昭告朝野，這次戰敗的責任完全由他自己承擔。這種規模的戰敗，從秦孝公開始算下來，一百三十多年來都是極為罕見的。這麼大的罪名無論讓哪個臣子去被背，這個人以及他的家人都必死無疑。如果真的如此操作，那麼表面上秦王的面子似乎是保住了，可從此以後，誰還敢出謀畫策？誰還敢主動請戰？你做的事越大，承擔的風險就越高。

類似的事情在當時並不是沒出現過。比如長平之戰，明明是趙軍被困，趙括按照趙王的決策去主動出擊，最後戰死沙場，結果趙國上層把所有責任都推到趙括頭上，趙括背了這麼大一口鍋，被中國人用「紙上談兵」這個典故嘲笑至今。

後面的故事就沒什麼懸念了，王翦再次披掛上陣，率領秦軍六十萬，步步為營，歷時一年多，用看似沒什麼技術含量的全線平推，徹底打敗了楚軍，滅了楚國。

不久，齊國不戰而降，秦國一統天下。

始皇帝嬴政這樣的胸襟，從古到今也是少之又少的。作為領導者，始終應該像嬴政一樣明白這樣一個道理：天下即朕，而不是朕即天下。

大到一國，小到一個機構，對於一把手來說，你的榮辱歸根到底只和成敗有關係。主動承擔戰敗責任，主動登門給王翦道歉，這些都沒有損害嬴政的面子，人們現在記住的是，他是統一華夏的「千古一帝」，試問這世上還有比這更大的面子嗎？

不能為了「面子」傷及「裡子」，因為「裡子」沒了，「面子」再大，最後也撐不住。這話說起來簡單，可是真能做到的人卻並不多，尤其是身居高位者。他們總會認為，人的社會地位越高，越是不能認錯，認了就會損害自己的威信。可事實是，你的地位僅僅取決於你所掌握的資源，當然其中也包括你的智力資源，而「認錯」，某種程度上說也是一種智慧。地位高下與一個人會不會犯錯，之間沒有絲毫聯繫，只不過身居高位者犯錯又不認錯，危害會比普通人嚴重得多。

而李信也並沒有就此從歷史上消失。在滅楚之戰失敗以後，嬴政只是暫時把他雪藏了起來。滅楚戰爭結束以後，李信再度被起用，被派到了王翦之子王賁麾下，參與了剿滅燕國在遼東殘餘勢力的戰爭。此戰李信大獲全勝，俘虜了燕王。這場仗難度並不大，嬴政之所以如此安排，就是為了給李信一個洗刷恥辱的機會。

李信做為一個年輕的軍事將領，確實缺乏老將王翦那樣的大局眼光，但是這個是需要時間去歷練的，就技術層面而言，他做得並不差。能夠用不多的兵力，在佈滿山丘、湖泊的南方地區，長途奔襲，組織出多路進攻，各個環節緊密相扣、嚴絲合縫，這樣的統籌規畫能力是非常突出的。人才難得，多數人做這件事，不要說戰敗，可能連戰的機會都沒有。

可以說，李信確實是個人才，他欠缺的無非是閱歷和運氣，更重要的是，他還很年輕。國家不可能永遠都指望幾個老人，把他保下來，秦軍才能後繼有人。

無論對國家還是企業，其實都是這樣，人才難得。有些領導者總會有這種奇怪的念頭，拿幾個犯了錯但能力不錯的人才來明正典刑，頂格處置，以此來說明自己執法嚴明。如果他們犯的是罪，那被懲治自然無可厚非，可如果是錯，那麼捫心自問，這麼做真的不是為了給自己「立威」、樹名望嗎？

道理說來說去可以歸結為一句話：人貴在務實。適當地不看重面子，有時候也未嘗不是一種智慧。這個世界上最愚蠢的事，就是慕虛名而不避實禍。

李斯上位——從郡吏到丞相的攀爬

準確定位基本盤

這裡我們要說的故事，算是一個草根逆襲的典型案例。

其實一個人的上升，本質上說和初中物理中的「勢能—動能轉化」原理差不多。再簡單點說，一個人的發跡，不僅僅是勤奮努力做事就可以實現的，我們還需要：守正、積勢、待時。

這句話是什麼意思呢？

大秦帝國的丞相李斯的一輩子，我們簡單概括一下，可以說是功也皇皇，罪也昭昭。

論功勞：李斯是真正意義上的大秦丞相，他的前任王綰，在秦統一天下以後沒幹別的，盡忙著在國家體制問題上「懟」始皇帝了。王綰辭職以後，李斯成了大秦帝國的首席大管家，統一貨幣、統一度量衡、統一文字、修馳道，車同軌……所有這些工作能夠具體落實下來，都要歸功於李斯的操持，他在嬴政統一六國期間也是兢兢業業地盡心輔助。

而論過：眾所周知，秦的滅亡始於沙丘之變——秦始皇病逝之後，李斯和趙高、胡亥合謀，偽造皇帝遺詔，逼殺秦始皇的長子扶蘇，同時還殺了當時統帥邊軍的蒙恬、蒙毅兄弟，由此導致天下大亂。

關於這些，我們暫且按下不表，還是這裡說說他發跡的這一段。

縱觀李斯的一生，前半輩子基本就是一個從底層奮鬥取得成功的經典案例。「守正、積勢、待時」這三條裡，李斯可謂是把「積勢」這一條做到了極致。那什麼算「勢」呢？對普通人來說，就是一切有助於個人進一步提升的資源，比如知識、見識、人脈……

李斯的老家在楚國的上蔡縣，位置在現在的河南駐馬店。最早的時候，李斯在老家做了一個郡吏，大致相當於現在省直屬機關的公務員，這個位置說高不高，說低不低，勉強可以算是一個中產。

如果是普通人的話，捧著這麼一個鐵飯碗可能就非常滿足了，最終會在這個位置上安安分分了此一生，但偏偏李斯並不是這樣的人，一個人的聰明才智必然是他最大的財富，可是在你還尚未得志的時候，這份聰明可能就是你鬱悶的根源了。

《史記》裡面記載了這麼一個故事：有一次李斯在廁所看見幾隻老鼠，一個個瘦小枯乾，見到人嚇得趕緊逃跑，之後他在糧倉裡又見到幾隻老鼠，個頂個吃得肥頭大耳，也不怕人。李斯於是就感慨：同樣的動物，有兩種境遇，完全是因為所處的環境不一樣。於是李斯立志，要做一隻米倉之鼠。

這個故事是否確有其事，我們暫且不去管它，單說「米倉之鼠」這個處世哲學，還是可以應在李斯身上的。

所謂「米」，對多數人來說就是名利，再說俗一點就是錢和社會地位。一個人通過自身努力去賺錢或是獲得社會地位的提升，就像老鼠偷到米一樣，這個還不算太難。真正不容易的，是在這其中能夠掌握主動權，這就好比一隻老鼠住到糧倉裡一樣。

老鼠偷到一把米無非吃一頓，下頓吃不吃得到可就兩說了，可如果置身米倉，可以在任何時候想吃就吃。對人而言，找到一份收入穩定乃至收入頗豐的工作，並不意味著你就不會被裁員或是減薪，而要避免這種情況，就需要掌握至少一部分議價權。

李斯意識到，提高自身議價權最根本的辦法，首在提升個人能力。知識不是萬能的，但沒有知識是萬萬不能的。為了讓自己成為「米倉之鼠」，李斯放棄了在駐馬店老家的公務員鐵飯碗，遠赴齊國稷下學宮求學，也就是如今的山東淄博。在那裡，李斯拜在了荀子門下。

在當時，荀子已經是儒家的名士。先秦時代，孔子之後的儒家出現過兩個大師：一個是孟子，一個是荀子。相對來說，前者更加主流，後者更加務實。某種程度上說，荀子的學說反倒更接近於法家。

那個時候，學生和老師完全是一個雙向選擇的關係，李斯能拜在荀子門下，一方面說明他的確才智過人，另一方面也說明李斯這個人務實不務虛，只在乎是否可用，並沒有考慮什麼主流不主流的問題。

在山東求學的那幾年，李斯還結識了一個富二代同學韓非，也就是後來的韓非子。韓非出身韓國王族，典型的官二代加富二代。天天和這麼一個貴族待在一起，那段日子對平民出身的李斯來說，估計是很受刺激的。在荀子門下完成學業之後，李斯和韓非就各奔東西了，韓非選擇了回國繼續做學問，沿著老師荀子的學術方向做進一步研究，結果他從儒家的非主流乾脆進化成了法家，後來寫了一部著作，也就是我們現在看到的《韓非子》。

李斯選擇師從偏實用主義的荀子學派，這恰恰是一條對平民子弟來說最可靠的路徑。富裕家庭出來的孩子，沒什麼生存壓力，靜下心來坐而論道，或者專研一下詩詞歌賦、音樂書畫，培養一身文化氣息，這一點完全沒問題，而一般家庭乃至寒門出來的孩子，要想獲得上升的機會，必須更加務實。

說得再明白一點，學美術的，十萬個孩子裡面未必能出一個齊白石、畢卡索，學體育的，十萬個孩子裡同樣未必就能出一個姚明、孫楊，但是學理工科，十個孩子裡起碼能出五六個合格的工程技術人員。如果您自認還沒有踏入中產階層，還沒有計畫能實現「小目標」，那麼未來在下一代的問題上，還是建議把有限的教育經費拿來給孩子報個靠譜的輔導班來補習數理化和英語，暫時放棄一下鋼琴、書法、美術。

李斯學成之後沒有返回老家，而是去了秦國，這就像現在的畢業生，只要有機會肯定都樂意往北、上、廣跑，原因無他，機會多，而且競爭環境相對公平。到了秦國之後，李斯做為名校畢業生，在丞相呂不韋那找到了一份舍人的工作，也就相當於私人幕僚或是私人助理。這個位置本身並不高，卻給了李斯大量機會去接近秦國的上層人物，包括當時還沒親政的秦王嬴政。

如果立志要做一隻「米倉之鼠」而不是吃米的老鼠，那麼你在前期需要做的就是盡可能積累自己的「勢能」，而不是急於變現。知識是「勢」，人脈同樣是「勢」。

嬴政在二十四歲之前的境遇其實和生活在慈禧太后陰影下的光緒帝差不多，這個秦王幾乎就是個擺設，朝政完全掌握在丞相呂不韋、太后趙姬和長信侯嫪毐三個人手裡。李斯正是利用這個空檔期，和嬴政做了充分的交流，既展示了自己的才學，也先於其他大臣取得了嬴政的信任。這個過程就是積累了只屬李斯自己的勢能。

按理說，呂不韋才是給李斯開工資的老闆，嬴政的那個秦王不過是個有名無實的空架子，可是李斯卻偏偏對他格外地上心。這是因為李斯未卜先知，預料到後面嬴政必然能拿回政權嗎？恐怕不是。這其中的奧妙也很簡單：呂不韋、嫪毐和太后，他們的基本盤都是秦國的既得利益階層，就是那些位列朝堂的高級文官以及他們背後的大家族，這些人的利益訴求是儘快走回頭路，讓秦國階層固化。

加入這樣一個超級高富帥集團，李斯不過是個打工的，一眼望到的前途無非是有可能從低級打工仔變成高級打工仔，但是永遠也不會掌握議價權這個東西。而親近嬴政就不同了，嬴政非常需要可以平衡既得利益階層的新興勢力。如果以成為「米倉之鼠」為目標的話，李斯加入嬴政這一邊，也許會贏，也許會輸，可是加入呂不韋這一邊，則永無出頭之日。那麼如何選擇自然也就顯而易見了，而這也是「勢」的第三層意思——見識。

我們總結一下：要做「米倉之鼠」，把握議價權，就需要沉下心來，積累足夠的勢能，而不是急於變現。具體而言就是提升能力、擴展人脈、並且擁有非凡的見識，要做到前兩點，最重要的在於務實，而擁有非凡的見識靠的是智慧，這只能說可遇而不可求了。

李斯正是靠著這「三步走」，成功地踏上了「奔向米倉之路」。而讓他位極人臣和死於非命的，其實是同樣的東西。

米倉之鼠

細說起來，一個人其實無所謂優點或是缺點，有的無非是特質。在某些環境之下，這種特質可以讓你青雲直上，達到人生巔峰，而一旦環境發生了變化，同樣的特質，也可能會把你直接送入地獄。李斯的一輩子，恰好是對以上這句話的最好詮釋。

我們說過，李斯一生所求，是做一隻「米倉之鼠」，而不只是得到「倉中之米」，說白了，就是希望能夠掌控自己的命運。

李斯曾經做過挺長時間的郡吏，也就是公務員，早年的這段經歷，對他後來的三觀塑造可能起了很大的作用。當時他所處的位置，日子雖然說不上多有錢，但起碼吃喝不愁，同時，還能切身感受到權力的力量。

當金錢和權力可以放在一個維度來對比的時候，在李斯看來，權力遠比金錢重要。權力越大，對自己命運的掌控力也就越大。所謂「米倉之鼠」的哲學，說白了就是要追求盡可能大的權力，某種程度上說這和祁同偉的「勝天半子」有點像，但是更加實際。李斯的成功，正是源於對絕對權力孜孜不倦的追求。

在做丞相呂不韋的舍人的時候，李斯就把寶壓在了當時不過是傀儡君王的嬴政身上。原因無他，呂不韋門下已經形成了一個完整的基本盤，其支持者多為高官大族，在這麼一個圈子裡，李斯或許會衣食無憂，但一輩子都只能做為一個打工仔仰人鼻息。而只有在嬴政這個光杆司令這邊，才不會存在這個問題，所以雖然存在風險，但為了權力，他也必須要賭這一把。

一般說來，人們都認為李斯真正發跡，走上秦國政治舞臺，是源於當初他所寫的那篇〈諫逐客書〉。嬴政親政，罷黜呂不韋相位之後，對呂不韋在任上所做的工作進行徹底的清查，結果在外國來秦人員中查出不少間諜，再加上呂不韋、嫪毐原本就是趙國人，於是在秦國國內一下子形成了排外的聲浪。秦國本土官員集體上奏，要求驅逐為秦國官方做事的所有外國人。

「逐客令」這個詞就是這麼來的，而李斯恰好也在被驅逐的名單當中。於是李斯給嬴政寫了一封信，也就是著名的〈諫逐客書〉。在信中，李斯詳陳了在秦外國人對秦國的貢獻，最終這封信說動了嬴政，逐客令被撤銷，李斯也因此得到了重用。

如果考慮當時秦國的政治生態，真實情況可能沒這麼簡單。驅逐秦國政府裡所有的外來戶，受益最大的顯然不是秦王，而只能是世代居於秦國的大族。從秦孝公開始，歷代秦王都熱衷於大量使用外國官員，從商鞅開始往後算，秦國歷代丞相裡，土生土長的秦人只有槫裡疾一個。秦王之所以這麼安排，就是為了制衡本土的貴族集團。

更何況，李斯那個時候早已完成政治站隊，成了秦王嬴政的基本盤，結果連他都在被驅逐的名單裡。

所以，嬴政就算再傻，也應該看得出這裡面的貓膩，無非就是本土貴族勢力想借著輿論壓力，對秦國的政治格局進行一次徹底洗牌，拿掉制衡自己的「外籍」官員。如果被他們做成了的話，那秦王這個董事長到時候照樣會被架空，秦國的政治局面甚至可能倒退回商鞅變法之前。

所以李斯的這份〈諫逐客書〉，與其說是在說服秦王，不如說是給秦王創造一個順水推舟的條件。

這場風波過去以後，李斯隨即被秦王一路擢拔，升到了廷尉，差不多相當於現在美國的司法部長＋首席大法官這樣一個位置。在秦國的政治體制當中，廷尉府和丞相府雖然名義上是上下級關係，但事實上是兩個平行的機構，前者負責司法和國家安全事務，後者負責行政事務。所以，這時候李斯事實上已經完全實現了自己「米倉之鼠」的目標，然而事情也就由此開始發生了變化。

在秦統一天下以後，丞相王綰幾次三番要求秦始皇恢復分封制，最終鬧到逼宮的地步，秦國的董事會和管理層之間的矛盾幾乎就要公開化。最終王綰被迫辭職，嬴政讓李斯這個「自己人」接替了王綰的位置。

正是秦始皇的這個安排，給秦朝的政治穩定埋下了隱患。李斯原本是司法機關的一把手，如今上調成了行政機構的首腦，這麼一來，就等於讓權力結構中原本平行的兩條線，在李斯這裡出現了一個交點。

經常有人說，政治是妥協的藝術，但事實上政治真正的精髓在於平衡。大到國家，小到企業，一套權力班子，如果僅僅是人員層面出現腐敗問題，尚可以整治，可一旦在結構上失去平衡，那將治無可治。任何權力機構的設置，都必然要考慮相互制約的問題，可如果兩個互相制約的機構之間，關鍵人員能夠來回調動，那麼這種機構層面的制衡作用，就必然要被削弱。

這就好比一個人先前還在踢球，一轉眼又成了裁判，而且動不動還要下場踢兩腳，那他執法的公正性，自然是值得懷疑的。李斯這個丞相身上擁有行政和司法雙重背景，這使得他變得空前強勢。這樣一個強勢丞相，自然可以約束住之前對皇帝陽奉陰違的文官集團，可誰又能制衡李斯呢？

公元前二一〇年，始皇帝在巡視途中突然病逝。當時始皇帝身邊的重要人物，只有李斯、胡亥、趙高三個人，而這三個人當中，真正可以左右歷史走向的，只有李斯一人。

在極端的環境下，人的善與惡往往就在一念之間。為了做「米倉之鼠」，為了能徹底主宰自己的命運，李斯用了二十多年時間，從一個楚國小公務員一路奮鬥到了大秦丞相，而在始皇帝駕崩的那一刻，他對權力的追逐，最終異化成了一種執念。

一般的說法是，趙高向李斯進讒言，說皇長子扶蘇並不喜歡李斯，而與蒙恬、蒙毅兄弟倆關係非常好，一旦扶蘇繼位，李斯就要被邊緣化，所以李斯才夥同胡亥、趙高，偽造始皇帝遺詔，立胡亥為繼承人，同時賜死了扶蘇和蒙恬。其實這個說法一點也禁不起推敲。李斯宦海沉浮二十多年，早就修煉成了官場老油條，這種人怎麼可能那麼容易就被旁人幾句話給說服？

蒙恬所代表的蒙氏家族，根基都在軍隊裡，都是職業軍人出身，而秦國的體制下，軍政兩條線是很難有交集的。換句話說，即便扶蘇繼位，一個軍事貴族家族也很難稀釋掉當朝丞相的權力。

另一個問題是，其實不論是哪個皇子最終上位，按照正常程序，李斯都理應到點下課。從商鞅算起，到李斯之前，秦國的丞相，除了商鞅死於非命之外，最後基本都是軟著陸，沒有一個是幹到死的，這個慣例已經延續了一百多年。原因很簡單，就是為了避免權臣在一個位置待得太久，導致尾大不掉，最終害人害己，這就是一朝天子一朝臣的道理。連續輔佐幾代君王的例子當然也不是沒有，最著名的就是司馬懿，連續輔佐曹家四代君王，最後發動政變。

從古到今，這個世界一直都充滿了各種誘惑：權力、金錢、美色，甚至虛名。其中任何一種都可能會讓人們去逾越那些日常的規則、紅線。而坦率地說，絕大多數人是肯定禁不起誘惑的。

一套成功的組織體系正常運轉的大前提，不應該是假設多數成員都能禁得起各種誘惑的考驗，相反，是要盡可能避免去考驗人性。就比如秦王室對丞相的態度，當丞相達到人生的巔峰之後，秦王不給機會讓他們在權慾與忠誠之間做選擇，而是讓他們以盡可能體面的方式謝幕，屆時國家政權將繼續正常運轉，而軟著陸的前高管也可以安享富貴生活。如此雖不完美，卻是一個各方利益都可以平衡的結局。

李斯真正恐懼的，不是扶蘇也不是蒙恬，而是到點下課，失去權力。面對如此強勢的丞相，任何一個正常繼位的新皇帝，都會想方設法讓他依照慣例謝幕。

李斯想要做一輩子他眼中的「米倉之鼠」，這是誰都給不了他的，於是在最後一刻，他決定自己來。那個所謂的趙高的讒言，即便真的存在，也不過是李斯拿來自欺，以保護自己心中那點道德感的託辭罷了。趙高說那些話，頂多是順水推舟而已。

這並非是人品問題，而是人性的問題。信念和追求是所有人走向成功的最大動力，而當有朝一日成功真正來臨之後，如果不對自己的心態加以調整，依然幹勁十足地在既定的軌道上狂奔，那麼信念就可能會異化成一種執念，最終把成功之路變成一條自我毀滅之路。

守正、積勢、待時

前面我們說過，任何人的發跡，將其過程簡化之後，不外乎三個步驟：守正、積勢、待時。所謂守正，是要維持起碼的良知和底線，無論是做事還是做人，這是基礎的一步；所謂積勢，就是積累自己的才學、經驗、人脈、見識；待時，顧名思義就是等待時機。對普通人而言，待時說好聽點是概率問題，說不好聽就是看運氣，總之這是不可控的。

李斯的一輩子，把積勢做到了極致，又運氣極好，遇到了千載難逢的上升時機，可是最終卻偏偏輸在了看似最簡單的「守正」兩個字上。對李斯而言，到點下課並不是一個不可接受的結果，按照秦國政治的慣例，李斯鐵定是軟著陸，並不會讓名譽和財富受到什麼損失。

更何況，李斯的大兒子李由年紀輕輕已經做到了郡守，差不多相當於現在省一級的高官，未來升遷進入中央政府高層絕對是大概率事件。而他們家的兒子，基本都娶了皇家的公主，女兒都嫁給了嬴政的兒子，可以說一家都是皇親國戚。這種情況下，李斯其實早就持有了大秦帝國的原始股。

但是，李斯心裡可不是這麼想的。

電視劇《人民的名義》第一集裡面，有個小官巨貪趙德漢，藏了滿滿一屋子錢卻一分沒敢揮霍，一說原因，是他打小家裡就窮，窮怕了。此時李斯的心理，和趙德漢其實就有幾分類似。當初在上蔡做小公務員，成天被各級官員呼來喝去，沒有權力的日子，他也怕了，哪怕僅僅是少了一個頭銜，實際權力有所縮水，對他來說也是不可接受的。

走正常的程序，李斯必然要到點下課，可如果不是正常程序呢？胡亥從夥同李斯、趙高一起矯詔的那一刻起，他們三個人之間的關係就不再是單純的君臣、上下級關係，而是一種不可示人的同盟關係。你自己破了規矩，那麼後面就必然有人照做。

從古到今，無論是對平民還是對皇帝來說，任何一次對規則的破壞和逾越，都不可能是無代價的。從長遠來看，你的代價絕不只是違背了良心。你開了頭，別人就會繼續有樣學樣，屆時你勢必會從破壞規矩的受益者，變成受害者。

沙丘之變中，胡亥、趙高、李斯三人其實等於是合股做了一樁見不得人、但也大到沒邊的生意。這裡面，股金比例最高的就是李斯，因為他這個丞相是當時政府的最高首腦，控制著整個國家的行政和司法資源；趙高這個辦公室主任的股權比例次之，因為他掌握著皇帝身邊的一切具體事務；而做為未來皇帝的胡亥，反倒是這個小團體中占股比例最小的一個，他除了有一個皇子身分也就真沒什麼了。當時胡亥才二十一歲，天天跟在始皇帝身邊，也就說明他並沒機會去參與多少實際政務，父親一死，他也就沒有什麼政治資源可言。

所以這筆帳仔細算下來，沙丘之變以及由此引起的天下大亂，要論首惡，李斯是怎麼也跑不了的。

如果一切到此為止，那還僅僅是一場上層權力鬥爭，對國家和老百姓而言，並不存在直接的利害關係。真正毀滅這個帝國的，是由此引發的後續連鎖反應。沙丘之變之後，胡亥成了皇帝，李斯拿到了想要的東西，而趙高，卻並不想讓這場政治動亂就此停下來。

於是秦國所有的官吏、皇子都被要求必須「過篩子」、「站隊」，在這個過程中，秦國的皇子，但凡有點可能能繼承皇位的，都被視為潛在威脅清除掉了。官員們在站隊過程中也被幹掉了一大半，特別是掌握關鍵位置、事實上可以不太受丞相轄制的官員，更是被殺的殺、抓的抓。

這些事都是胡亥下命令，趙高在前面一手操辦，李斯反倒退到幕後了，在這個過程中，史書裡找不到一點關於他的記載。我們說，李斯參與了一場足以讓自己被滅族的陰謀，到頭來卻被兩個實權沒自己大的人架空了，這也太奇怪了。那麼相對合理的推論是，可能當時李斯認為，讓趙高在前臺操刀對自己更有利。

丞相是百官之首，理論上說，這個位置既可以視為皇帝給官僚們派的「監工」，也可以視為官僚們向皇帝討價還價的「員工代表」，而如今這種局面下，顯然後一種角色更能增加李斯的政治籌碼。要下面官員們站隊，要清除異己甚至要殺人，這些都是在做「惡人」。李斯肯定會無比愛惜自己的政治羽毛。當初他參與矯詔，幹掉和自己其實並沒有多少實際衝突的扶蘇、蒙恬，為的是不讓自己的政治資源貶值，而面對始皇帝辦公室主任的趙高，李斯報以輕視的態度。因為趙高手裡沒有那麼多政治資源，讓他去做惡人，最終還可以汙損他的政治羽毛。

根據近些年的歷史考證，趙高其實並不是太監，他不但身體健全，還生得高大威猛，善於騎射。當時的咸陽令，也就是首都的市長，就是趙高的女婿。如果他真是太監，又怎麼可能殺了胡亥準備自己登基呢？

趙高的父親曾經是秦國廷尉府的官吏，趙高從小耳濡目染，對司法工作以及法家學說都異常熟悉。在通過了秦國的公務員考試以後，很年輕就進入了中央直屬單位。

史書中對趙高在那段時期的評價是：工作勤奮，行事堅韌不拔，果斷敢行。秦奉行以法治國，趙高正好專業對口，所以後來就被一路擢拔，不但成了嬴政的辦公室主任，還成了少皇子胡亥的老師。嚴格說起來，趙高和李斯應該算是同行，而這二位後來的經歷，也精準地詮釋了一句話：知識不等於智慧，水平不代表良心。

在趙高對官場進行大清洗的時候，李斯很可能是出於愛護政治羽毛的考慮，退到了幕後。這看似聰明，但聰明終歸不等於智慧。李斯萬萬沒有想到的是，趙高行事會如此之狠，如此沒有底線：各級官吏在短時間內紛紛被拿下，整個帝國的運行管理完全陷於混亂狀態。而趙高在短時期內，就用自己人幾乎置換了大半個官場，先前占股比例最高的李斯，就這樣一下子被趙高反超。

一旦規則被打破，那麼競爭比的往往不再是誰更有才學，而是誰更狠，誰更不擇手段。既要做壞事，又要做好人，這世上哪可能有這種好事？所謂盜亦有道，只可能存在於小說和幻想裡，現實中盜就是盜。

從本質上來說，趙高和李斯其實是同一類人，他們的差別不過在於運氣以及「狠」的程度。李斯想獲得不受制衡、沒有期限的絕對權力，趙高也想要同樣的東西，於是李斯就必須得死。

有動機，有力量，那後面的事也就沒懸念了。

公元前二〇八年，李斯最終在這場毫無規則的政治鬥爭中敗下陣來，被判腰斬之刑，全家也被抄斬。不久之後，趙高徹底架空了胡亥，接著又逼其自殺。在後來的宮變中，趙高被子嬰所殺，同樣落了個滿門抄斬。而在這樣反覆的折騰之下，大秦帝國也隨之土崩瓦解了。

縱觀李斯的發跡史，可謂是「積勢」的經典案例：先是敢於扔掉鐵飯碗去求學，接著能對自己的位置做出精準的判斷，在丞相呂不韋權勢喧天的時候，敢把寶押在當時毫無實權的嬴政身上，這最終造就了他的成功。

而面對看似最簡單的「守正」時，他卻敗得一塌糊塗，這看似只是一個道德問題，但歸根到底影響的還是人的實際利益。中國傳統中有一句話：一命二運三風水，四積陰德五讀書。這話看著像是迷信，但是老輩兒人把「積陰德」，也就是「守正」的權重，放在「讀書」的前面，這是有一定道理的。

二世而亡 秦帝國的起落

階層與政治

當成功真的來臨，如果你沒有處理好與那些曾經被你依靠的力量——股肱之臣的關係，那麼這些人可能會成為你最大的麻煩。

公元前二二一年，秦正式統一了天下，秦國在這時真正成為大秦帝國。這就好比一家創業公司，經過多年的拚搏、廝殺，最後終於在紐約證交所敲鐘，宣佈掛牌上市了。

然而，作為帝國的第一任董事長，始皇帝嬴政在這個時候恐怕並不會感到輕鬆。

前文裡我們說過這麼一個問題：在一百多年以前，秦國通過商鞅變法，打破了既得利益階層對秦國社會資源的壟斷，實現了國家的改制重組。可是經過一百多年的累積，新崛起的布衣精英階層，已經慢慢變成了第二個既得利益集團。他們由改革最堅定的支持者，變成了阻擋國家向前發展的絆腳石。我們不能把這種情況簡單歸結為信仰不堅定，根本原因無非是人的位置變了，利益取向自然也就跟著變了。這就好比把東北的老虎放到非洲大草原上，牠們的行為模式，最終也會慢慢變得像非洲的獅子那樣。

早在嬴政登基之初，相國呂不韋就通過一部《呂氏春秋》，完整闡述了他的觀點，簡單說就是：商鞅時代進了三步，如今需要退兩步。至於理由，剔除那些冠冕堂皇的東西，說白了就是新崛起的新貴階層如今同樣想搞階層固化，想多拿錢、少幹活、不操心，具體而言，就是弱化中央集權，強化階層固化。

看上去這顯然是一個十分無理的要求。但是我們別忘了，從古至今，任何一個領導人都不可能單打獨鬥。打得下天下的人，身邊必然會存在一個核心集體，才智或是資源，他們手裡肯定握有某些在你看來難以替代的東西。

呂不韋的高明之處在於，他所籠絡的人很大一部分都屬這個核心圈子。關於這一點，我們前面已經說過。

非功不賞，以勞定酬，這原本是最合理的模式，為什麼就得不到大家的支持了呢？我們不得不承認這麼一個現實，員工和老闆之間的議價能力，除了貢獻與公正之外，更重要的因素是，這個員工的可替代性有多強。越是難以替代的人，他的議價能力自然就越強。

如果整個體系走入正軌，已經常態化運作，那麼這個問題就會跟著越明顯。常態化意味著穩定，而穩定必然會帶來固化的問題。做為持股的老員工，自然是希望越固化越好，當然前提是不要玩得太過，觸碰到最高層的「逆鱗」。而做為剛入職的年輕人，想的自然是上升通道越多越好。

如果站在老闆的立場來看，問題就要複雜多了。只要是關於人的問題，這個世界上就肯定沒有什麼一勞永逸的解決方案，你唯一能做的，就是通過週期性的調整，讓這些問題維持在一個可以容忍的限度之內。具體而言，對於自己身邊的這個難以取代的核心圈子，首先盡最大可能不要讓他們「抱團」，內部制衡是最常規的應對手段；其次，要讓體系不斷有新鮮血液補充進去，只要他的「不可替代」變成了「可以替代」，那眾多問題也就迎刃而解了。

任何一個機構，出於管理方便，存在一些論資排輩是無可厚非的事，但如果對年輕人過於壓制，或是過於苛刻，從長遠來說也並非就是好事。在秦國不斷壯大的這一百多年裡，幾代秦王都在設法維持著這麼一種動態平衡。

在殺了商鞅之後，秦國上層一直刻意避免再出現類似的事件。因為無論當初多麼無奈，但在天下精英的眼中，這終歸是秦國高層的一次嚴重違約，如果再來幾次，秦國的信譽必將蕩然無存。

所以在商鞅之後，秦國對於丞相的使用，已經形成了一套默認的「軟著陸」機制。張儀、甘茂、魏冉、范雎、蔡澤等人，在其權力、威望到達巔峰以後，就會以某種理由被解職或是被勸辭職，這期間秦廷盡可能避免對其進行進一步清算或是問責，去職之後，他們都會有一個不錯的歸宿。譬如張儀、甘茂，有了秦國任職的經驗，就很容易在魏國和齊國謀得CEO的職務，其餘的卸職丞相也基本做到了平穩落地，安享富貴。

這麼做就是為了維持一種平衡：既不能讓管理層過分做大，架空董事會，也不能把事做得太絕，寒了天下人心。到了嬴政這一代，這個原則已經慢慢變成了一種政治正確。

歷史書裡總是把秦始皇和暴政、暴君這些詞聯繫起來，其實真實情況根本不是那麼回事。

對比後世的君王，某種程度說，嬴政面對大臣甚至有點窩囊。最初丞相呂不韋擅權，不讓早已成年的秦王親政，後來又搞了一部《呂氏春秋》滿世界推廣，雖然在法律層面挑不出他有任何問題，可是傻子都清楚，他出這本書就是奔著推動秦國逆向改革去的，嫪毐叛亂這件事呂不韋也牽扯其中。這幾件事中的任何一件，都足以置一國丞相於死地，可嬴政只是罷免了呂不韋的相位。不過老頭想不開，最終還是自殺了。

呂不韋的眾多支持者也並沒有被波及。如果是清朝時的文字獄，光是圍繞《呂氏春秋》這套書，就會刮起一場席捲全國的血雨腥風。

從這件事看，嬴政面對新的既得利益階層，一直盡力避免出現正面衝突。呂不韋被罷免後，滅六國統一天下這件事，隨即被提上了議事日程。秦國六代君王奮鬥一百多年，等的就是這一刻，這就是理想和信念；從更現實的角度說，這時候秦國在實力上對山東六國早就具備了壓倒性優勢，發動大規模統一戰爭，應該說對嬴政是毫無風險的；這種情況下打上幾仗，也可以解決內部的一些矛盾。

首先，不管有沒有風險，滅六國都絕對是一個超大工程，有這麼一件大事，朝堂上其他無關輕重的爭論自然就可以放一放，大家都冷靜冷靜。另一方面，如此大規模的項目，必然會給年輕一輩的精英提供大量立功、升職的機會，屆時大量新鮮血液快速補充進來，對原本鬧著要開倒車的一班老臣，也能起到制衡和稀釋的作用。

譬如在秦滅楚之戰中，嬴政不惜得罪老將軍王翦，起用李信這個少壯派。此舉除了軍事角度的考慮之外，也有未來人事問題上的考慮。無奈李信的火候還是差了那麼一點，敗給了項燕，導致嬴政這個董事長不得不扛下戰敗的全部責任，向王翦登門道歉。

歸結起來說，嬴政處理內部問題的思路，一個是「正」，一個是「仁」。

所謂「正」，「堂堂之陣，正正之旗」，你面對的是一個結構性問題，而不是哪個具體的人的問題。官僚之間相互傾軋、相互算計的那套所謂計謀，並不適用於君對臣的制約。而所謂「仁」，就好理解了。呂不韋都把事做到那個份兒上了，最後也不過就是丟官而已。

按理說，這套思路是非常合乎正道的，但現實沒有如嬴政所願。十五年的戰爭剛一結束，老問題馬上就又回來了。當時任大秦丞相的王綰，是呂不韋的鐵粉，仗剛一打完，王綰就提交動議，要國家實行分封制，也就是新打下來的國土，不再歸中央政府直接領導，而是封給秦始皇的皇子們，成立自治的諸侯國。

之所以選這麼個時間，就是因為剛打完仗，一切都百廢待興，而且通過立功受獎提拔上來的新銳官員——也就是新崛起的少壯派，這個時候還沒徹底就位，管理層的控制權事實上還掌握在這幫老人手裡。此時嬴政是既沒精力也沒人力，王綰挑這個時間窗口提這件事，擺明就是為了逼宮。為了達成自己的政治訴求，這些管理層精英完全可以置國家大計於不顧。

上至君王，下到平民，關於為人處世，終歸離不開三個字：道、勢、術。所謂道，正道、道德、道義；所謂勢，一個人所能掌握的資源；而所謂術，說通俗些就是心機。把自己變成「心機婊」，最後吃虧的肯定是自己。可如果你真的認為只要心中光明，世間就沒有黑暗，一味死守政治正確，那即便你是皇帝，你也同樣死定了。

在兩千多年前的秦國朝堂，就發生過這麼一次政治正確害死人的事。

中央集權制與分封制

說起秦朝的二世而亡，人們總會把問題歸到兩人身上——秦二世胡亥、中車府令趙高，這二位一個是昏君、一個是奸臣。但是，真實的情況並沒這麼簡單。首先，無論是一個國家還是一個企業，當它們達到一定規模以後，光靠一兩個人折騰就能衰敗了，這是不可能的。秦的破產倒閉真要是追責的話，究其根源，可以追溯到始皇帝嬴政的時代。

前面我們曾經提到過，在秦王嬴政登基之前，秦國已經出現了老員工尾大不掉的問題，標誌就是《呂氏春秋》的出版發行——從某種程度上說，這相當於是秦國知識精英階層的一個宣言書。這些人要的可不是加薪那麼簡單，而是要老闆修改根本制度，大幅增加管理層持股比例。

雖然呂不韋因為捲入政變，最後被罷免了丞相，但是他的這套理論，卻依然在秦國的管理層內部大行其道。其實很多時候，一股思潮的出現，並不是源於幾個發起者，而是因為最基本的利益格局的改變。與此相關的人也許不能系統化地說清楚自己想要什麼，但是他們肯定能感覺出現有的這套東西讓他們不爽。這時候，所謂的發起者，不過是提醒了眾人問題所在而已。

歷史上真實的嫪毐叛亂，其實帶有很明顯的復辟的味道——說白了還是要廢除自商鞅開始的那套高度集約化的國家運行機制。當時，光是高級別官員參與叛亂的就有二十多名，其中包括內史和衛尉，也就是首都衛戍區司令和負責皇宮內部保衛工作的最高軍事主官。

這麼多高管參與其中，本身就是秦國精英階層態度的反映。在叛亂被完全鎮壓、大勢已定的情況下，為呂不韋和太后求情的官員依然是絡繹不絕，這就更說明問題。其實這世上，從沒有哪個皇帝，像老百姓想像的那樣真的有絕對的權力，可以為所欲為。任何領導者，都必須考慮管理層的態度，即便你是君王也不例外，在多數時候，這些人的態度甚至比民意更重要。

嬴政正式親政以後，來自管理層的這股壓力一直都沒有減弱過。公元前二二一年，秦滅六國，打了十五年的統一戰爭宣告結束。結果國家剛剛穩當一點，丞相王綰馬上舊事重提，王綰在嬴政正式成為皇帝以後，隨即提出，皇帝應該繼續學周朝搞分封制，也就是除了太子，給每一個皇子一塊土地，讓他們到封土建國，成為帝國的子公司。

這看著似乎是在給秦始皇的兒子們爭利益，其實是官員們在給自己爭。在天下統一以前，秦的國家體系一直是郡縣制，也就是中央權力通過郡縣兩級逐層分解，最終直接下達到基層。這種體制下，即便國家版圖擴大了，人口和官員的比例，對比原來也不會有太大的變化。

這就好比一個金字塔，光是基座擴大了，塔尖還是那麼大點，而這勢必導致做為管理層的官員，在面對皇帝時的議價能力減弱。天下一統以後，大家不但不能躺在功勞簿上安心享福，反倒要面臨更加殘酷的職業競爭——以前好歹多數官員都是秦國人，如今全天下的知識精英爭這些有限的位子。這麼一來，秦國的高級人力資源就成了買方市場。

如果改成分封制，每個封王都必然要單獨建立一套管理班子，這麼一來，等於平空多出了一堆官位。職位一多，對知識精英階層來說，自然就是賣方市場，競爭壓力驟然下降。況且，在郡縣制下，各個地方政府平級之間是不存在競爭關係的，但是分封制就不同了，封國和封國之間是存在競爭關係的，而這種競爭最後會變成人才的競爭，這同樣是在增加知識精英階層的議價權。這種封國間的競爭一旦過度，必然需要中央政府來做仲裁者，對咸陽的高官們來說，這個角色可是比郡縣制下的高官好太多了。

在中央集權體制下，身居咸陽的這些京官，每天所做的無外乎是：把中央政府的命令層層分解下達，把下級上傳的訊息加以匯總上報，總之一切都有章可循，自由操作的空間並不大。

而在分封制下，中央政府是仲裁者，或者說那些身居中央的高官才是仲裁者。這時候，官員們手中的自由裁量權將大大增加，如此一來，封國為了自身利益，必然要在中央政府找自己的利益代言人，身居咸陽的這些高管身後也就有了自己的根據地，那麼他們面對皇帝的時候，議價權也會增加。

而一旦這些秦國高管們手中的議價權過分膨脹，後面會發生什麼呢？

首先，官員們雖然在理論上還是要對皇帝負責，但是在實際操作中，皇帝對他們的控制力將大大減弱；其次，秦國以功得爵、非功不賞、爵位不可世襲的原則，屆時將無法守住，後果必然是階層固化、門閥做大，社會資源再次被少數人所壟斷；秦國的官場必然會形成這樣一種規則：站隊比能力重要，做人比做事重要，上級官員比百姓重要，務虛比務實重要……

一般說秦始皇堅持郡縣制、拒絕分封制的理由，通常是認為他擔心若干年後，秦國會像周朝一樣，最終演化為諸侯國之間戰亂不斷的局面。這只能算是遠慮，如果一旦實施分封制，光是近憂就夠秦帝國受的。官員手中的議價權增加，不光是會讓皇帝失去對管理層的節制，對老百姓來說同樣將是一場災難。

分封制必然導致秦的政權體制疊床架屋，不斷重複建設。官員要想在官場站得住腳，靠的將不再是能力，而是「勢」。那麼「勢」從哪來呢？俗話說人多勢眾，屆時朝中的掌權者，為了擴充自己的勢，必然要拚命增加自己的人員配置。最終的結果自然是吃財政飯的人，數量越來越多，質量越來越差，搞實際生產的人越來越少。

那這筆支出最終會落在哪呢？當然是羊毛出在羊身上，這個負擔最終只能是老百姓來承擔。

我們簡單總結一下：管理層如果沒有議價權，必然會導致缺乏做事的動力，但是如果議價權過大，也勢必會導致管理層逐步失去活力，最終成為整個機構運行最大的丟不掉的負擔和障礙。而一定程度上的權力集中，是遏制這一趨勢必不可少的手段。此外，必要的內部競爭是好事，可是一旦出現過度競爭，同樣會危及高層的權力結構，導致高層管理者手中議價權過大。

回到兩千多年前，王綰以一種近乎逼宮的方式，向始皇帝嬴政提出建立分封制的主張。不同的立場，會導致人的是非善惡觀念也有所不同。在王綰看來，可能他自己覺得這真的是在維護正道——利益取向這個東西，最終必然會深入骨髓，演化成一個人的文化或是信仰，最起碼對一部分人來說是如此。

王綰的這一通折騰，給國家埋下了隱患。面對官員們氣勢洶洶的逼宮，很多原本該做的事，嬴政都沒法做了。譬如說，嬴政到死都沒立太子，因為一旦立了太子，不管太子是誰，都意味著其他皇子再沒什麼指望了，那麼他們很可能就會成為分封制的支持者，既然當不了皇帝，那做個藩王也是不錯的。原本一群高管逼宮就夠受的了，如果自己的兒子們也加入，那局面就更難收拾了。

同樣因為這個問題，嬴政也沒立皇后。道理是一樣的，立任何一個妃嬪為皇后，都相當於暗示她的兒子很可能就是太子。

除此以外，在交通不便的情況下，中原王朝通常會在首都之外再設立一個陪都，來分散部分首都的職能，周、漢、隋唐都是如此。首都放在陝西關中，也就是現在的西安，陪都通常就是河南的洛陽，中央以此來強化對東部地區的控制。

嬴政這時候避免做出和周朝類似的設置，任何讓人聯想到分封制的舉動他都回避。為了體現皇帝強化中央集權的決心，他只能把首都的一切職能，都集中在咸陽，這樣一來，勢必弱化了對東部地區的控制。

而嬴政所面臨的麻煩，還遠遠不只這些。

焚書坑儒

關於秦始皇最著名的一個典故，可能就是焚書坑儒了，因為這一件事，嬴政被歷代文人罵成是暴君，一罵就罵了兩千多年。

王綰選在國家剛剛統一、百廢待興的節骨眼兒逼宮，真是選對了時候。這個時間段，正是秦始皇最離不開這些高管、指著他們幹活兒的時候，說得直白一點，這就是趁火打劫。而如果這僅僅是幾個大臣和皇帝之間的利益，或者說好聽點是理念之爭，那也就罷了，可是這場逼宮，是把整個國家以及老百姓的利益都壓上去了。

國家剛從戰時狀態向和平時期轉軌，外部環境、西北地區還面臨著匈奴人的威脅。這種情況下，你要求整個上層建築什麼都不幹，先陪著你坐而論道，否則就罷工，起碼從道義而言，王綰和他的支持者所扮演的角色並不算光彩。

一直以來，嬴政在面對知識階層精英的時候，可能是被某種政治正確給困擾住了。自從嬴駟殺商鞅之後，為了在知識精英階層重建信譽，秦王室在對待這個群體的時候，一直是比較謹慎的。

呂不韋都捲入政變了，這麼好的藉口，嬴政最終也還是沒殺他，只是罷免了他的丞相之位。丞相王綰帶頭逼宮，最後也僅僅讓他辭職，以一種非常體面的方式下了臺階。可以說，除了嫪毐政變以外，秦國朝堂的政治鬥爭一直都不是很激烈，像後世漢武帝、朱元璋那樣動不動一個案子牽扯成千上萬人的事，在秦國根本沒出現過。

在封賞方面，始皇帝的做法同樣是有政治正確的味道。秦滅六國打了十五年仗，期間一共封了二十八個侯爵，這是官方承認對國家貢獻最大的一批人。到侯爵這一級基本就等於拿到了董事會的席位，對國家大政方針都有發言權。而這二十八人裡面沒一個是王室成員。要知道，當時秦國沒有爵位世襲一說，所以王室成員也得通過以功得爵這條路，來提高社會地位。

這麼安排，其實有一部分原因也是為了彰顯皇帝在利益分配問題上絕對公正，沒有私心。

而在意識形態上，嬴政政治正確的味道就更重了。秦統一天下以後，嬴政在朝堂上設立了一個博士官制度，這個「博士」和現在學位制度裡的博士不是一回事，而是一個官方編制。秦漢時期的博士官，有點類似於現在顧問委員會的意思：就是招攬一批知名學者，沒有具體的職能和責權範圍，什麼都不管，但又什麼都可以參與。招募進來的學者，都有行政級別，享受相應的待遇，而且這個待遇還不低。比如孔子的九世孫孔鮒（一說為八世），就被封為文通君。在當時，封君的級別是非常高的，商鞅、白起還有趙國的趙奢，這些著名的人物都被封君。

縱觀始皇帝嬴政的一生，從執政角度說，設立博士官制度可能是他最大的一個敗筆。嬴政在面對一堆大臣的壓力下，一直努力維護秦國的管理制度，可是不料想在這樣的堅持中，他自己卻撞開了一個口子。

博士官制度在很多方面和秦國的政治原則都是相悖的。首先是非功不賞、以功得爵。孔鮒除了他的先祖特別有名氣外，史書上查不到這個人對秦國有什麼貢獻，可是給予他的地位卻堪比再造秦國的商鞅、戰神白起。

而且這個機構的定位異常混亂：你說是行政機構，它卻沒有任何責權；說它是學術機構，可是這些人天天在朝堂上杵著，也沒見做學問；說它是軍師智囊團，也沒見他們參與任何具體事務的謀畫。

官方養學者這種事在先秦時代並不新鮮，最著名的就是齊威王田因齊搞的稷下學宮，「百家爭鳴」這個典故就是從這裡來的。當時齊國的中央財政負責給稷下學宮裡的學者提供優厚的生活待遇，學者們在其中做學術討論，但從來不會參與朝堂政治。

而且稷下學宮還有一個特點，就是兼容並蓄、百無禁忌。儒家、法家、道家、墨家、陰陽家……總之任何學派都可以在其中自由討論，大家的地位是平等的。因為有了這樣一個各種思想自由碰撞的平臺，稷下學宮產生了大量的學術和文化成果，至於這些成果哪些會為國家所用，那是齊國的政治家們要考慮的事，和學宮裡的學者並無直接關係。

反觀嬴政搞的這個博士官制度，學術和政治攪和在一塊，黏黏糊糊一大堆，分都分不清。而且最不可思議的是，在學者的招募中完全是有選擇的，儒家學者占了絕大多數，學派單一化、同質化，那百家爭鳴自然也就無從談起了。之所以說不可思議，是因為秦一直是以法家理論為治國思想的主軸，其中還包含墨家、兵家、縱橫家等學派，但唯獨沒有儒家什麼事。

嬴政設立博士官，首要目的可能就是彰顯國家對文化的重視。博士官主要是儒家學者，也是基於嬴政面對當時麻煩的一種妥協。

我們知道，孔子所創的儒家和後來西漢董仲舒搞的儒學相去甚遠，連核心思想都不一樣，和後來的程朱理學比，差別就更大了。

如果單看政治主張的話，孔子的主張其實是恢復周朝的體制。而《呂氏春秋》裡，占主導地位的思想恰恰就是儒家理論。這就好理解了。以呂不韋為代表的一堆精英新貴，都在盼著國家重新搞分封制，讓管理層的利益得以固化。這個利益訴求誰都不能直接說，必須把爭利的事搞得風雅一點，於是乎，這些官員就開始普遍推崇儒家學說。

嬴政之所以拉一堆儒家學者進來，其實是一種妥協的態度：你們推崇儒家，我也重視儒家，我們並沒有什麼根本分歧嘛。另外，他也希望借這些儒家學者的嘴，來說服這些大臣：你們總拿儒家的理論來說事，如今找一些博學之士參政議政，總該無話可說了吧？

秦國設立博士官之後，這些儒家學者寫了不少主旋律的東西頌揚始皇帝的政績，大儒周青臣在嬴政的生日宴會上，就現場來過一段頌詞。按理說，秦國法律為了避免官員沽名釣譽，是嚴禁對君王和官員歌功頌德的，如今嬴政這麼搞，等於是廢棄了這條原則，其目的就是想告訴群臣，今天輝煌的勝利來之不易，大家千萬別再折騰了。

可是不要忘了，一切理念之爭的背後，歸根到底是利益之爭，不解決利益問題，不解決人的問題，想光靠講道理來說服對方根本做不到。退一步說，我說理說不過你，我還可以耍賴呢！

耍賴的結果是王綰辭職，之後復辟派的官員們消停了一段時間。過了三年，這件事再一次被重提，還是要求皇帝搞分封制，那些嬴政請來的儒家學者，也都紛紛站到了復辟派一邊。沒有辦法，這背後隱含的利益實在太大了，這些精英們即便是前赴後繼，也要想方設法吃到這塊蛋糕。

中間的細節我們略去不表。結果是這種一而再、再而三的逼宮，徹底激怒了嬴政，博士官制度因此被皇帝廢除，始皇帝下達《坑儒令》，一共處死了四百六十多號人，一大批儒家典籍也成了禁書。

細論起來，嬴政的這個處理方式並不算成功。最開始的時候，嬴政面對朝堂上的復辟勢力一直是在刻意回避衝突。一提這件事他就打太極轉移目標，打仗，修長城，實在找不到抓手了，乾脆就不立太子、不立皇后，就避實就虛，建立博士官制度討論學術問題。這邊是不斷的回避、退讓，那邊卻是死纏爛打不死不休，這樣逼宮到嬴政忍無可忍，矛盾就以最糟糕的形式被激化了。而最終的結果，從某種程度上來說是雙輸的。

如果一團軟軟的棉花裡面藏了一根針，這時候你還去捏它會是什麼結果？始皇帝一開始的不斷避讓，給人的感覺就是可以不斷地逼宮，反正沒有要命的風險。但是，棉花裡都可以藏針，何況手握生殺大權的帝王？所以造成悲劇的原因是，雙方較量的姿勢都不正確。

嬴政的這種行事風格，或許和他的成長經歷有關。

他小時候跟著父親在趙國做人質，成天生活在恐懼之中，事事都需要謹小慎微。好容易回到了秦國，母親趙姬又私心太重，為了和嫪毐一起把持秦國，一直壓制自己的兒子，讓一國之君直到二十四歲才有機會親政。慈禧對光緒可以如此，他們畢竟不是母子，趙姬和嬴政可是親母子。這種缺乏安全感的環境，非常容易讓人養成隱忍、戒備的心理。這種隱忍一旦越過了紅線，最終的爆發也是非常可怕的。

這種處世風格其實並不好。因為總有那麼一些矛盾，是不會因為你的刻意回避而消失的，所以只要條件允許，儘早地把矛盾解決掉，於人於己都是一件好事，隱忍反倒可能成為對方得寸進尺的誘因。

於我們個人而言，開誠佈公、不讓矛盾積壓絕對是個好習慣。在我們的利益受到侵犯時，只要尺度得當，把自己的不滿情緒表達出來，同樣不是一件壞事。

做為一國之君，嬴政面臨的情況遠比如今的職場要複雜。焚書坑儒這件事雖然處理失當，但終歸還真是一個局部問題。

想成大事，得知道這些

任何規則的改變，
最開始讓人們感覺到的必然是不適應和麻煩，
好的感覺往往都是滯後的，
只有在政策全面鋪開且穩定運行一段時間後，
人們才見得到收益。

取捨有方 「格局」影響未來

在電視劇《大秦帝國3》裡面，「五國伐齊」是秦昭襄王嬴稷完全進入狀態之後，所幹的第一件大事。

戰國中後期，齊閔王在蘇秦的忽悠之下，一舉滅了一個人畜無害的小國——宋國。結果沒承想，這件事讓齊國成了其他諸侯國的公敵，秦國牽頭，聯合趙、魏、韓、燕群毆齊國。最終的結果是齊國差點被滅，從此一蹶不振，齊閔王也在逃跑過程中死在了楚國人手裡。

這裡面最讓人意外的是，素來被人稱為虎狼之國的秦國，卻承諾不要齊國一寸土地，打完了就撤兵。可以說在這件事上，嬴稷表現得實在是太「仗義」了。

我們之前說過，每一個諸侯國都好比是一個創業公司。打仗是要花錢要死人的，秦國做為當時中國實力最雄厚的企業，偶爾拿出一些小錢做做公益，改善一下公眾形象，這個倒是有可能，但是在戰國時代殘酷的市場競爭環境下，投入一個做大項目的資源，卻不要一點回報，這就太不可思議了。

要搞清這背後的貓膩，我們就必須從當時的全域來看。

經過幾百年的激烈競爭，諸侯國已經分化形成了三個梯隊：

秦國和齊國處於第一梯隊。秦國不用說，軍事實力、經濟實力、國家管理水平、技術水平等都排在戰國七大之首，綜合實力是當時的NO.1。而齊國呢，拿嶽雲鵬的相聲裡的段子來說，就是標準的富六代。

齊國大致也就是現在的山東省，這裡土地肥沃，水熱條件俱佳，農業資源得天獨厚。直到現在，山東還是我們國家的農業大省。此外，這裡背靠著渤海和黃海，所以還有豐富的漁業資源和海鹽資源。特別是鹽，在當時是極為重要的戰略物資。中國放開鹽業專營，其實也不過是最近兩年的事，而在當時，控制鹽業資源和現在控制了石油差不多。再者，齊國的位置還聯通南北，所以商業也非常發達。它的首都臨淄是當時世界上規模最大的城市，地位放在現在起碼相當於紐約。齊國的強大總結起來就是兩個字：有錢。

可是除了有錢，齊國其他方面就比較菜了。

軍事方面，按照史書記載，齊人長於技擊，疏於陣戰。翻譯成白話就是，打架可以，打仗不咋樣。國文課本裡面的那篇〈曹劌論戰〉，曹劌打敗的就是齊國軍隊，而當時領導齊國的還是大名鼎鼎的齊桓公、管仲這一對齊國史上最強大的CP。

而在社會管理方面，可能是因為太富裕了，齊國自身改革的動力一直不大，齊威王田因齊時代搞過一段時間的高壓反腐，任用了一些平民官員，但最終也沒怎麼觸及根本。五國伐齊時，齊閔王的丞相是孟嘗君田文，而田文的封地基本就是國中之國，根本不受中央政府管理。

齊國就好比一個企業，技術力量一般，內部管理一般，但是架不住人家資金雄厚，身大力不虧，光堆錢，就可以給自己堆出一個業內龍頭老大來。

除了齊國和秦國，韓、趙、魏、燕、楚都已經淪落成了二流國家，處於第二梯隊。此外還有魯國、宋國之類只能打醬油的小國，算是第三梯隊。

這樣一來，天下就形成了一種相對平衡的格局，秦與齊兩個超級大國東西對望，中間一堆第二和第三梯隊的國家來回搖擺。

對秦國來說，這種平衡局面並不是一件好事。因為它是超級大國，吞滅六國一統天下是它的基本國策。有齊國這個龐然大物在對面制衡，秦國要想東出，基本就沒有指望。只要秦國動作大一點，齊國這個大金主就可以組織幾國一起抵抗秦國。

齊國人在這種環境下也不舒服，它也是大國，國君也有做天下之主的想法。到了齊閔王一代，齊國的GDP已經遠超過其他諸侯國，此時的齊閔王也開始雄心勃勃地準備稱霸天下。當然他這麼想倒也無可厚非，僅從實力上來說，齊國確實是除秦國之外，當時最有可能統一天下的國家。這時候，齊閔王其實最該做的就是利用手頭流動資金充裕的優勢，儘快把國內的幾塊短板補上，用現在的話說，就是趕緊練好內功。

其次，應該持續不斷地組織合縱伐秦，對秦國的盟國採取且打且拉的政策，這樣就可以不斷削弱和孤立秦國，同時讓天下的動亂地區主要集中在西部，保持自己國家及周邊的穩定。這種模式短時間內可能見不到什麼利益，反倒要花不少錢，但是長遠來看，這將為齊國創造一個足夠大的發展空間，日後等到時機成熟，自然就有機會大出於天下。

然而齊閔王卻只能看見眼前的利益。他想到的是自己的投資必須儘快變現，必須馬上能見到收益。於是齊閔王很快就盯上了宋國這個小國。

宋國差不多位於現在河南商丘那一帶，這個國家面積不大，也沒什麼軍事力量，但是它的商業特別發達，國家特別富裕，所以也就免不了要被人惦記。在齊閔王看來，宋國其實就是一個性價比最高的軟柿子——相對比較好打，而且還有錢。

齊閔王的這種思維模式在如今也照樣不新鮮，說難聽了就是急功近利。我們國家很多產業始終在低水平徘徊，和這種思維模式確實是有一定的關係。比如眾多企業如今依然是重行銷、輕研發，個人投資者追漲殺跌，缺乏對全域的判斷。

甚至於在個人人生規畫上，這種思路也是存在的。很多年輕人都曾經問過我這麼一個問題：當他們面對一份收入不錯的工作時，是該選擇去工作還是該繼續深造，或者是一份工作收入不錯，但是發展空間不大，另一份收入相對一般，但對個人提升很有幫助，這個時候該如何選擇。

這個問題要看具體情況。如果你是寒門子弟，全家都指著你養家糊口，那自然要先解決生存問題。可如果你的家境還不錯，那麼不妨趁著自己還處於學習能力的高峰時期，盡可能提升自己。至於所謂的「啃老」，在這種情況下其實不算什麼問題。你短期內或許拿不回來多少真金白銀，但是它給你的未來提供了更多的可能性。

在兩千多年以前，齊閔王就為自己的急功近利付出了慘痛的代價。

前面說過，當時的天下事實上處於一種東西兩強相互制衡的局面，所有處於第二、第三梯隊的國家都是這種平衡的受益者：正因為這樣，他們才有左右逢源的空間。齊國一舉吞滅了富庶的宋國，一下子打破了這個平衡，更重要的是它讓這些二流和三流諸侯國在心理上失去了安全感——今天滅了宋國，明天沒準兒它就會滅到自己頭上，雖說齊軍不怎麼能打，但架不住人家有錢，哪怕是用錢砸，也能砸死你。

這麼一來，齊國在一夜之間就成了各個諸侯國的公敵。而秦昭襄王嬴稷馬上就抓住了這個機會，號召各諸侯國聯合討伐齊國。一旦東西制衡這個平衡被打破了，秦國自然就是最大的獲益者。如果齊國被打垮，秦就成了唯一的超級大國，到時候再想吞滅各國，理論上就不存在不可逾越的障礙了。

嬴稷之所以承諾不要齊國寸土，為的就是避免各諸侯國之間討價還價、來回紛爭。儘快達成協議，儘快聯合攻齊，與這個戰略大格局的改變相比，齊國的那點國土根本不值一提，在這個問題上過多糾纏，反倒可能會破壞自己的大目標。因為一旦拖的時間長了，齊閔王就有時間恢復滅宋所消耗的力量，同時還能消化掉宋國這個戰果，把它變成自己的國家實力。到那個時候再想打齊國，就沒那麼容易了。而且時間一旦拖長了，諸侯們就可能從最初的恐懼中回過味兒來，如果他們意識到平衡被打破之後的最終結果，肯定不會再去配合你。

有句話叫「摟草打兔子」，很多人在處世的時候，總會這麼想，在做一件事的時候，如果看見一些其他的機會，也可以捎帶獲得一些利益。這其實也是無可厚非的事，但如果過分關注這些次要目標，最終殃及主要目標，那就得不償失了。

捨得，有「捨」方有「得」，而捨什麼、取什麼，歸根到底靠的是一個人對全域的掌控，也就是所謂的「格局」。

顯然，嬴稷的格局要比齊閔王大得多。秦國的這筆投資，看似沒給自己帶來任何收益，卻在不知不覺中改變了天下的格局，為後世秦王嬴政一統天下奠定了最關鍵的一塊基石。而齊閔王，在逃亡途中最終被楚國人所殺，這恐怕就是人們常說的「格局決定結局」。

注

趙武靈王趙雍所處的年代，恰好跨越了秦國惠文王、武王、昭襄王三個時代，秦武王突然去世之後，原本在燕國做質子（人質）的秦王子稷隨即回國繼位。而這一切能進行得非常順利，很大程度上是得益於獲得了趙武靈王的支持——趙軍一路護送嬴稷母子回到了秦國，為其登基提供了強有力的後盾。而這也意味著趙國讓自己成了秦國的「債主」。

秦王稷（昭襄王）登基伊始，迫於趙國的壓力，實際主持秦國國政的宣太后不得不同意任命原趙國官員樓緩為秦國丞相。在先秦時代，如果兩國結盟，由其中一國人到對方國家為相，是一種常用的外交手段，譬如在秦惠文王（秦王駟）時代，孟嘗君曾入秦為相，張儀也曾入魏國為相。而蘇秦的所謂配「六國相印」，其實也是這種情況，其實他始終是為燕國的利益在服務。這種外邦丞相的主要使命，就是最大限度地在國家戰略層面協調兩國的利益。至於這種丞相的含金量，則完全取決於兩國之間誰更占主動地位。考慮到當時趙國在地緣和政治上對秦的壓力，樓緩入秦為相，對秦來說恐怕是帶著不少屈辱的性質。而秦自商鞅變法以來，這種情況是頭一次出現。

在趙武靈王被自己人餓死在沙丘行宮以後，趙國國勢隨之急轉直下，樓緩跟著就被秦人解除職務禮送出境，也驗證了這一點。

攬局之道 規則的把握與利用

有人的地方，就有江湖，有人的地方，也必然有政治，而只要有政治，必然有你來我往的鬥爭，其中有武的也有文的。

在歷史書裡，但凡是涉及變法、改革之類的內容，必然會記載那麼幾次朝堂之上唇槍舌劍的辯論，譬如最著名的西漢鹽鐵會議。最有意思的是，這些辯論最終無一例外都是以改革派的勝出而告終。辯論說得通俗一點就是彼此講道理，而在政治世界中，往往最無用的就是講道理。改革歸根到底改的是利益畫分，是利益關係，而利益歸屬沒有對錯，只有輸贏、得失。

任何關於改革的動議，一旦被拿到朝堂之上討論，其實說明最高層的心裡早就有了答案，討論並不是真要聽那些未來的利益受損者講道理，而是要通過爭論本身來看清誰支持、誰反對，通過辯論的激烈程度，對未來改革的阻力做出一個預估判斷。即便是反對聲浪過大，做為決策者也不過是暫時作罷，換個時間再做而已。

真正高明的反對者，在這個階段是不會跳出來打這種無用的口舌官司的。所謂「疾風過崗，伏草惟存」，說的就是這個道理。一陣大風刮過山崗，那些挺拔的樹木，很容易就會被大風連根拔起，可那些見風就趴下的小草，反倒可以生存下來。兩千多年前關於商鞅變法的記載，在新政推行之前，秦國高層並沒有鬧到要殺人立威的地步。

攪局的鐵則之一：你要爭的是輸贏，而不是道理上的對錯，當大勢無法阻攔的時候，保全自身就是第一要務。

商鞅變法是各諸侯國中最成功的，而秦國反對派的攪局，其實也是花樣最多的。即便秦國的改革是最徹底的，也沒能妨礙既得利益階層不斷地反覆。這種攪局，從秦孝公時代一直貫穿到秦始皇時代。

秦國變法開始以後，反對派們很快就把攪局事業從朝堂上挪到了朝堂以外。有句話叫「大政在野不在朝」，意思是說真正要改變一國的政治走向，最終靠的並非是上層的宮鬥，而是要改變整個社會的認知。這一點，無論是變法的推動者還是反對者都意識到了，輿論戰是秦國政治鬥爭的重中之重。

據歷史記載，在商鞅變法期間，秦國起碼搞出過兩次大的輿論熱點事件。這兩件事在風格上非常接近，都是「以彼之道還治彼身」的套路。任何改革，最終都是要建立新的遊戲規則，而真正高明的攪局者絕不會站在外面試圖破壞規則或者否定規則，相反，他會加入，甚至會比那些支持者更清楚這些規則。

攪局的第二條鐵則：成功破壞一樣東西的前提，不是憎惡，而是瞭解。

那具體什麼是「以彼之道還治彼身」呢？當時商鞅和秦孝公遇到的第一個麻煩，就是老百姓上訪。新頒佈的秦法當中有一條非常明確，就是禁止集會，對集會的處罰是相當嚴重的，反對派偏偏就在這個問題上做文章。

任何規則的改變，最開始讓人們感覺到的必然是不適應和麻煩，好的感覺往往都是滯後的，只有在政策全面鋪開並且穩定運行一段時間以後，人們才見得到收益。秦國上層的反對者，恰恰是在打這個時間差。新法推行之初，他們利用民間的不滿情緒，組織大量平民到首都櫟陽集體上訪，這麼一來，確實是將了秦孝公和商鞅一軍。

如果你真的嚴格執法，把這些人統統下了大牢，那後面必然引起更大規模的民變。要知道在戰國時代，君君臣臣、父父子子那一套並沒幾個人去遵從。如果孝公和商鞅急急忙忙去挖幕後的主使者，後果同樣難以承受，搞不好，很可能會把上層原本心照不宣的矛盾徹底公開化，更可能讓主使者博得一個為民請命的頭銜，到時候只怕是麻煩更大。

而如果冷處理，等於是開了一個法不責眾的惡例。法家變法，要的就是有法必依，執法必嚴。

幾番權衡下來，商鞅和秦孝公選擇了冷處理，說得明白一點就是「認」。兩害相權取其輕，這一招是最笨的，但在很多時候也恰恰是最明智的。做為改革的推動者，商鞅和孝公要的是最終的勝利，而不是爭一時一事的輸贏，哪一個選擇對整體影響最小，這個選擇就是最正確的。

這一回合較量過後，沒過多久反對派的第二擊就又來了。秦孝公的太子嬴駟，在這些人的慫恿下也違法了！當時嬴駟應該就是十來歲，正處於熊孩子階段。這個麻煩比上一個更大。嬴駟是太子，你要是真處置他，最終可能危及秦國的權力繼承，那後面的問題性質就完全變了。原本是挖既得利益階層的牆腳，如今一下子變成了立儲之爭，這必然會帶來高層的政治地震，這是要動搖國本的。

能不能還學上次那樣冷處理呢？同樣不行。你對集體上訪的老百姓網開一面，雖然破壞了自己制定的法律原則，但依然維繫了國家在百姓心中的信用。只要信用維持住了，人心就不至於散，法律的權威性在後面還有機會修復找補。

可這一次不一樣，違法犯罪的是太子。法家治國有一條原則：舉國一法、不別親疏、不殊貴賤。也就是俗話說的「王子犯法與庶民同罪」。就權重而言，這一條原則遠比有法必依要重要，後者是一個反映高層權威性的問題，而這條反映的則是高層的信譽問題。不別親疏、不殊貴賤，這條原則其實也是立法者和平民之間的一道契約。權威性受到挑戰，還有機會修復，而信譽一旦受損，修復起來將異常困難。時至今日，同樣如此。

所謂威信，威即權威，信即信譽。對任何機構的領導者而言，失信的危害往往遠大於失威。而企業面對社會大眾的時候，同樣如此。然而遺憾的是，很多時候，很多人恰恰是在反其道而行之，在他們看來，維護面子遠比維護信譽要重要，而最終的結果，自然是信譽沒了，人心散了。

反對派給孝公和商鞅做了這樣一個死局，歷史上並未記載這是誰幹的，但這個人絕對是操弄權術的高手。首先他明白，這種政治鬥爭，最終爭的就是人心歸屬。其次，他在節奏把握上也恰到好處。因為隨著時間的推移，變法就開始惠及平民階層，人們對新法帶來的不便之處也已經慢慢適應，那個時候再作文章，在輿論上造謠誹謗，肯定是吃力不討好。

我們換個角度來看。當一件好事剛剛降臨在人們頭上時，除了驚喜之外，恐怕人們心中還會有疑慮，這些好處是不是別人設的套，或者這些好處會不會得而復失。越是平民階層，這種不安全感越強。一旦讓人感覺到得而復失，那對人心理的衝擊將比得不到還要嚴重得多，這就是人性。

此時的秦國，正是處在這樣一個階段，所以這名高手不再利用人們的逆反心理，而是利用人們的疑慮。此外，這個人對法家治國的理念，以及其中的關鍵之處，同樣心知肚明。商鞅或是秦孝公，其中只要有一個這個時候出來保太子，朝堂之上的反對派絕對會順水推舟，讓嬴駟安然無恙。

而一旦這樣，秦國法律體系的信譽必將受到極其嚴重的衝擊。在老百姓看來，法責不責眾是國家仁不仁義的問題，而法責不責太子，則是國家有沒有信用的問題。如果法不責太子，那麼孝公和商鞅苦心聚攏的人心將在短時間內散盡，面對朝堂之上的反對勢力，如果失去民間支持，改革必然難以為繼，後面就有可能讓對方翻了盤。

可以說，這是一個難以破解的死局。所幸的是老天爺眷顧這君臣二人，讓嬴駟晚生了幾年，當時他還未成年。早在兩千多年前的《秦律》裡面，就已經規定，未成年人犯罪可以減輕或免於處罰。那是不是幕後主使者棋差一招，沒算到這一步呢？恐怕不是。這一法條無疑是救了嬴駟一命，但事情到此遠遠不算完。

按照相關法律，秦國廷尉府對嬴駟免於處罰，這是沒問題的，符合程序正義。可一旦牽扯到他的太子身分，問題就沒這麼簡單了。

在處理民間糾紛，或是公司內部處理平級人員之間的矛盾時，通過程序正義原則來平息爭論，這個沒問題，可是上層對下層，官方對民間，或是企業對受眾，你也只講程序正義，這就遠遠不夠了。

在老百姓看來，這不過就是你失信以後的托詞罷了。這種心理很正常，居於弱勢一方的人群面對強勢一方時，出於保全自己利益的考慮，必然會有極強的戒備心理，這和老百姓講不講道理沒太大關係。這種時候過分強調程序正義，試圖用這一條去應對社會輿論，結果往往會適得其反。所以說，當時商鞅即便搬出保護未成年人的法律條款，最終的結果也只是給嬴駟找了個臺階下。秦國的改革，在民間還是要面對信譽崩潰、人心散失的問題。

那怎麼辦呢？不能處罰未成年人，但是根據相關規定，可以處罰監護人。於是商鞅當即收押了太子的兩個老師：公子虔和公孫賈。我們說過，稱謂裡帶公子或是公孫的，那就是皇親國戚，而能教導太子，說明這兩人不只是王室成員，而且是王室中非常重要的人。

最後宣判的時候，商鞅完全是頂格判的，判處這兩個人「劓刑」，也就是割掉鼻子。這不光是毀了人家容，還是一種極為嚴重的人格侮辱，如果摳法條，這樣的判決對二人確實算不得公正。

商鞅面對政治對手的這次算計，完全是靠死打硬磕扛下來的，即便是秦孝公再支持商鞅，他畢竟不能左右所有的王室成員。此後，雖然秦國變法依然在順利推進，可是商鞅與秦國王室之間的裂痕，卻已經留下了，而且這是不可逆的。孝公去世以後，商鞅被車裂而沒得善終，一大半的根源就在這裡。

由此我們可以看出，暫且不考慮道德問題，所謂權謀，最高的境界並不是玩陰謀，不是隱瞞欺騙，而是把握事態發展的節奏、操弄規則，而最高明的攬局，則是把握大勢、操弄人心。這一點我們在後面會詳細說明。

注

關於商鞅的結局，人們通常的印象是他因為反叛而遭車裂，並且這裡面還引出了「作法自斃」的典故（逃亡過程中沒帶「身分證」住不了旅館）。

事實上這種說法只出自《史記》一書，是孤證，而且其中有不少細節禁不起推敲（類似的問題在《史記》裡不只一處）。

這些問題暫且不論，我們這裡只說一點：秦國丞相范雎評價商鞅「極心無二慮，盡公不顧私」，這句話是對外國使臣說的，而且是當著秦王嬴稷的面說的。

嬴稷是嬴駟的兒子，假如商鞅真是以叛徒的身分被嬴駟處決的話，無論是從政治正確的角度上講，還是從常理來推斷，范雎無論如何也不可能說出這種話，更何況還是在正式的外交場合。

當然，在四千多年的歷史中，這些終歸只是細節。總而言之，秦王駟廢人但存政，成了秦法新的守護者。在商鞅身後，華夏歷史開始了一個全新的時代。

內行外行 「統」「治」需分離

外行能不能、該不該領導內行？這是一個時不時就會被人提出來的問題。要說清楚這個問題，我們可以從「統治」這兩個字說起。漢語有一個挺有意思的地方，就是現在兩個字為一詞，但是在古漢語裡兩個字通常是獨立的意思，比如「商賈」、「法律」、「官吏」……

「統治」這個詞，從政治和管理角度來說，「統」和「治」一直都是兩個概念。能夠做到「統」和「治」分離，是管理體系成熟的一個極為重要的標誌。

秦國的商鞅變法，從管理學角度來說就是基本實現了統和治分離，建立了職業官僚體系，也就是國家層面的職業經理人制度，君王負責統，大臣負責治。那麼這和「外行」、「內行」有什麼關係呢？

世界上永遠都不可能存在外行能做好內行的事，這和所謂的「跨專業」完全是兩碼事。所謂「跨專業」，無非是從一個行業的內行變成另一個行業的內行。外行領導內行，本質上就是一個「統」和「治」的關係。

「治」就是處理具體的業務，這其中包含了大量專業知識和實際操作經驗。而

「統」就是如何處理人的問題：用合適的人做合適的事，保持不同人之間的責權平衡、利益平衡……

某種程度上我們可以把「統」看做是比較特殊的專業領域，它的特殊之處在於，這個世界上永遠不會有哪所學校會開設這麼一個專業——你見過哪個學校有皇帝專業、總統專業？市面上所謂的總裁班，真正的價值無非是讓你去拓展人脈。

之所以會有「外行領導內行」的訴求，說白了無非是為了避免一個專業部門內部近親繁殖、統治不分，最終尾大不掉形成獨立王國，專業的人還是去做專業的事為好。

在秦始皇之前，秦國六代國君，從秦孝公嬴渠梁到秦莊襄王嬴異人，在內政上都沒什麼存在感，這點從歷史書上我們就能感覺出來。如果不關注歷史的話，你連名字都未必叫得全，可秦國恰恰是在這六代低調的秦王手裡逐步壯大起來的。

秦朝末年，當國家陷入混亂，最後還在挽救大秦帝國的，是並非武將出身的章邯。這個人最早幹的是少府令，屬秦的高級管理者，他的部門負責管理秦皇室的財務和收稅，和軍事並不沾邊。章邯懂不懂軍事不好說，但是他肯定懂得如何用人。當陳勝、吳廣大軍兵臨函谷關時，秦國最大的問題是關中沒多少兵可用，如果臨時徵召肯定來不及。章邯給正在驪山修始皇陵的勞改犯下了道命令，可以赦免他們的罪行，前提是他們要自願組成軍隊抵抗叛軍，這樣不但可以得到赦免，而且還能依據軍功授爵制度獲取相應的爵位。

在這種非同尋常的激賞之下，章邯在短期內就組織了一支規模達十萬人的囚徒軍團。軍隊有了，剩下的事自然有專業的參謀和中層軍官來負責。這麼一支臨時組成的軍隊，在短時間內就徹底鎮壓了陳勝、吳廣大軍，還斬殺了項羽的叔父項梁。像章邯這類能夠出將入相的人才，並不一定就精通多個行業，但他必然精通「統治」二字的精髓。

楚漢爭霸的時候，漢延續了秦的管理體系，關中的老百姓在很長一段時間裡，甚至沒意識到漢王劉邦的存在，他們只知道有丞相蕭何。一般來說，英明的君主不會去插手具體的行政和司法事務，他所要做的，無非是選出合適的高級官員，並且在關鍵的時候決定他們的去留。

而做為漢王朝的大管家、CEO，丞相的工作也同樣是選人、用人、監督人。漢文帝的時候有這麼一個典故，漢文帝在朝上問右丞相周勃：

今年的死刑犯有多少？

不知道……

今年財政，收了多少糧食，多少錢幣？

還是不知道……

周勃是劉邦時代的老將，資歷老打仗行，但做CEO確實不是他的專長。兩道題問下來，他的臉上就掛不住了。

漢文帝又把左丞相陳平叫來，問了同樣的問題。陳平說讓司法部長和財政部長來回答問題。文帝說那我要你幹什麼呢？陳平回答道，我是替你管好他們的。最後的結果是，周勃選擇了辭職，漢朝廢除了左右丞相制度，只設一相，首位丞相就是陳平。

做為高層管理者，事無巨細過多地插手具體事務，也許能給外人一個兢兢業業、深入基層的印象，但從實際效果來說，這種越俎代庖並不是什麼聰明的舉動。術業有專攻，你的職責就是明確賞罰，維持管理人員的穩定和平衡，過多地插手自己壓根不懂的業務，只能是給下面攪局。

日本明治維新時，首位海軍大臣是西鄉從道，這個人是陸軍出身，對海軍專業知識完全是外行，而且最有意思的是，他也從來沒打算去弄懂。每次視察的時候，下屬給他講解，他也從不裝懂，動不動就恍然大悟來一句「なるほど」（原來如此），久而久之，下面的人就給他起了個外號：「原來如此」大臣。這麼一位外行曾經連續三次出任海軍大臣，期間日本海軍還打贏了甲午海戰，後來被稱為日本海軍之父的山本權兵衛對他一直是言聽計從。

山本還是大佐的時候，西鄉從道讓他做一份報告出來。山本為了這份報告費心了大半年，做好交給西鄉從道以後，沒幾天西鄉就告訴他，看完了。

山本就問，不可能吧，整理這份報告花了七個月，大臣您怎麼可能五天就看完了，您不會是沒看吧？

他還挺聰明，西鄉從道確實沒看。山本權兵衛當時就炸了，身為海軍大臣，怎麼可以這麼不負責任，對部下的心血如此不屑一顧?!

結果西鄉從道樂呵呵地跟他說，我是陸軍出來的，反正也看不懂，何苦看它啊？我是長官，不需要看，你們看到就行。我呢，就是負責幫你們要錢要權的。

從此以後，山本權兵衛就徹底跟定了西鄉。

一個合格的管理者，始終應該秉承這麼一個態度：君不與臣爭功，上不與下爭功。管理層要做的，無非是激賞和懲戒，具體執行者們把事情做好了，這自然就是你的功勞和政績。

當然，這一切的前提是，這個體制有完備、可量化的激賞機制，並且最高層領導者心裡有數，知道功勞是誰的，不會因為一時的好惡或是沽名釣譽，擾亂賞罰機制。假如這兩點做不到，面對一個昏聵的上層，其實也就沒有什麼討論的意義了。權力的運用是一種智慧，該如何把握制約和激賞這個度，往往只有當時當事才能說得清楚。

這一點並非人人能做得到，所謂「上智謀人」，說的就是這個道理。

眾多的領導者，往往會擔心做為執行層的專業技術人員將自己架空，於是便熱衷於各種「辦公室政治」，最終，種種宮鬥戲讓做技術做業務的人員躲無可躲、避無可避，導致實際事務做不下去，滿盤皆輸。

要避免這種局面，需要領導者有足夠的智慧和胸襟，更重要的是要有相應的制度，這就是所謂的睿智者立法。商鞅變法之後，秦國不只是建立了統治完全分開的管理體制，而且還有與之配套的功賞體系、監督機制。

秦國以功授爵的體制完全涵蓋了王國裡的所有國人，在一個工程中，每一個人只要有貢獻，就會有相應的獎勵規定，並且這些績效考核都是量化過的，完全避免了輿論、風評的影響。這樣就避免出現主管不到一線就沒有政績，或者功勞全歸搞行政的、錯誤全是一線的等等類似的問題。

在人員選拔上，秦代還沒有科舉制度，人才選拔主要還是通過舉薦或是自薦，但是秦法當中有明確的監督和問責機制。譬如一個官員違法或是瀆職，那麼當初的舉薦者也要承擔相應的連帶責任。比如秦昭襄王時代的丞相范雎，就是因為舉薦了自己的兩個恩人，結果這二位都不爭氣，一個瀆職導致戰敗，一個乾脆叛逃，這最終導致了范雎被罷免。

這種模式同樣避免了小團體近親繁殖、結黨營私。而事實上，相對於事前考核或是選舉，監督、問責和彈劾機制的成熟與否通常要更加重要。畢竟騙人一時容易，騙一世要難得多。

明確了責權範圍、利益邊界，這使得秦帝國的國君和高管敢於放心大膽地做甩手掌櫃，把專業問題交於專業人員，也使得下層的技術人員可以較少受政治掣肘，放手做事。可以說，正是規則和賞罰的科學、明晰，造就了兩千多年前效率最高的行政體制。

懷才不遇 ◈ 見識與能力不是一回事兒

如今大家總在說要提升個人能力，那究竟什麼算是能力呢？所謂的能力，大致說來可以分為兩種：判斷能力和實際操作能力，而這兩種能力是否可以給你帶來實際的利益，則要看你自己的人生定位。

從古到今，「懷才不遇」這四個字在歷代文人嘴裡出現的頻率都非常高，但是細究一下，這個問題出現的概率可能真沒文人們說的那麼高。

《史記》裡，司馬遷寫了三個活得最憋屈、最懷才不遇的人：屈原、賈誼、李廣，而這三人裡面又首推屈原。

屈原出身於戰國中期的楚國貴族。當時因為各諸侯國都面臨著嚴峻的生存壓力，所以這段時期，正是中國歷史上「草根逆襲」的黃金時期，布衣寒門出將入相的事，在當時並不罕見。即便是像楚國這種極度保守的國家，也有過楚悼王任用平民吳起為令尹的前例。

楚國王族有三個分支：昭氏、屈氏、景氏。屈原便來自屈氏。也就是說，屈原其實是王族子弟，真正是含著金鑰匙出生的，如果說他沒有上升通道，就好比說王思聰缺錢一樣可笑。況且屈原當時已經官拜左徒，差不多相當於如今主管外交的副總理，都到這個級別了，還說「懷才不遇」恐怕就說不通了。

《史記・屈原賈生列傳》共計四千五百字，其中記載屈原生平的共計一千多字。要知道在《史記》當中，連韓國滅國這麼大的事司馬遷也才寫了十七個字，可見太史公對屈原這個人是青睞有加，基本就是把屈原當成自己的「愛豆」（典範）了。可問題來了，司馬遷這麼粉屈原，卻在這一千多字裡光寫他怎麼跳江了，對於屈原具體的本事、功績，基本就沒說。

所謂「才華」，並不是說誰有，你就有的。

如果沒有立得住的功績支撐，所謂的「大才」得不到世人的認可，其實談不上冤枉。我曾經給趙括翻案，也是因為他能在極為不利的條件下，把戰神白起指揮下的秦軍殺得死傷過半，我們才能說「紙上談兵」的罪名是站不住腳的。

當然，表現才華還有其他途徑，就是著書立說。最典型的就是韓非，韓非同樣是韓國王族子弟，在他所處的戰國後期，韓國內部的種種弊端已經是積重難返，而且韓國國力原本就不強，內外交困之下，韓國早已是救無可救。相比於屈原時代的楚國，韓非所面臨的局面更加糟糕。這種局面下，韓非在韓國根本不可能有任何施展空間，而他自己又不願意像商鞅、張儀那樣，轉投其他國家。所以韓非把自己難以施展的才華寄託在一本書裡，那就是《韓非子》，這部著作是法家各派思想的集大成者，有這麼一部書存在，誰也不能否認韓非的才華。

戰國時代的精英們，普遍心態是尋求入世，事功心都非常強，所以純粹為了學術著書立說的真不多。當時士人們寫書，主要還是將其做為一種個人宣傳手段，最典型的就是孫武，靠《孫子兵法》炒出知名度，直接獲得吳王闔閭的高薪招聘。

屈原的著作倒是也不少：《離騷》、《天問》、《九歌》、《九章》……但這些都是文學作品，對於一個政治家來說，你這完全是點歪了「科技樹」。其實僅僅就個人來說，屈原最大的問題可能還是出在對自己的定位和認識上。

一個人的見識和他處理實際事務的能力，其實並不是一回事。所謂見識，或者說判斷力，是你可以一眼看到問題的本源。就好比屈原，他可以看到秦國才是楚國最大的危險，也可以看到楚國真正的出路在於學習秦國，搞變法改革，屈原當時還為此專門制定了一套新法令，可以說屈原是一個很有見識的人，但是能力呢？

「見識」是一個定性的問題，而「能力」則是一個定量的問題。屈原和絕大多數自認懷才不遇的人一樣，缺乏的恰恰是能力。僅僅能看清問題，提出自己的主張這是遠遠不夠的，你必須還能根據現實情況，將一個大目標層層分解，做成具體可行的「任務包」，並且能夠找到合適的人執行下去。

秦之商鞅、張儀、司馬錯等名臣，同樣可以一眼看透世間問題的本質，但他們的能力卻遠遠不只於此。譬如商鞅變法，可謂是「佛心鬼手」，可以在前期長達兩年的時間裡隱忍不發，暗暗積累力量，又用長達十年的時間，完成了第一階段改革，在不觸動既得利益階層痛覺的情況下，不聲不響地逐步架空舊貴集團，完成了這一重要步驟，才敢大刀闊斧一舉改變秦國各階層間的利益格局。

反觀屈原的種種表現，除了提出過自己的政治主張，其他方面都沒有可圈可點之處。據史書記載，屈原只要一見到楚王，就會打開話匣子，高談闊論，口若懸河，而且說到動情處，保不齊就會失態、失禮。做為詩人，這叫隨興，而做為政治家，這只能算是極不成熟。

人們一般都認為楚懷王耳根子軟，聽信奸臣讒言才造成了屈原的悲劇。可是屈原每每在楚王面前失禮，楚懷王都能一笑了之，作為領導人，能做到這個份兒上，其實也算不容易了。

而且與人打交道的能力，本來就是個人能力的一部分。面對楚王，屈原顯然非常缺乏和領導者溝通的能力。即便是楚懷王缺乏決斷力，靳尚、鄭袖還有張儀這個秦國外來戶，他們都可以輕易影響楚王的決斷，屈原做為左徒原本並不缺乏楚王的信任，在這種占有優勢的狀態下，為什麼就不能呢？這說明他並不擅長與人溝通。如果你不能用簡明扼要的語言陳述一件事的利害關係，僅僅給出你認為正確的答案，是很難說服任何人的。

這種定性不定量的思維習慣，也直接影響到了屈原的判斷。比如屈原認準了秦國是楚國的最大威脅，於是就主張徹底與秦決裂，可是國際政治、國際關係並不是這麼玩的。國與國之間在絕大多數情況下並不存在絕對的敵友關係，這就好比一九四二年美國參加第二次世界大戰時，很多人已經認識到它未來和蘇聯必然會是敵對關係，但這並不等於說當時美國就應該和蘇聯人為敵。

而屈原恰恰是沒有這種量化思維的習慣。其實在當時，楚國在一定程度上維持與秦國的友好關係，只要不出現一邊倒的情況，那麼對楚國來說的確是有利的。屈原一上來就堅決反秦，這種非黑即白的態度，唯一能起到的作用就是降低你在世人眼中的可信度。某種程度上說，屈原這種缺乏彈性的態度，反倒是促成了楚國後來對秦國的一邊倒。

在面對政敵的時候，屈原屢屢在朝堂之上直截了當地斥責子蘭、鄭袖等人，可是從史書裡我們沒有找到他採取什麼措施，去逐步削弱這些貴族的基本盤，或是拿出這些人裡通外國的證據來打擊他們的勢力。這就好比一個人天天對著一群惡人說我要砍死你們，說完以後卻連刀都沒磨過，那最終的結果也就可想而知了。後來屈原被放逐以至於憤懣自盡，與這件事恐怕是有直接的關係。

在歷史上，有見識但沒有實際操作能力，最後能封侯拜相的人還是有的，楚漢時代的張良就是這樣一個人。張良指揮打仗一點都不行，凡是他指揮的仗，不論大小基本都沒贏過。論打仗他遠不如韓信、灌嬰、周勃這些人，具體管理也沒蕭何那兩下子，搞秘密外交更不如陳平，而且從他年輕時策畫過博浪沙刺殺始皇帝來看，這個人也不算很理智，也有一點類似詩人的氣質。可是，他的見識超群，後來給自己的定位也非常準確。他給自己的定位就是劉邦身邊的高級顧問，這個角色的影響力可以說無處在也無處不在，他不負責具體的謀畫，而是在大方向上輔佐老大，朱元璋身邊的劉伯溫扮演的也是這樣一個角色。

這個世界上確實存在懷才不遇的情況，但它並沒有人們想像的那麼普遍，多數時候，這不過是人們的自我定位和自我認識出了問題，混淆了「見識」與「能力」罷了。

背後有人，才好做事

對今人來說，提高自身面對上級的議價權，
這是無可厚非的事，
但是在途徑上，
議價的正道應該是提升個人能力和拓展自身資源。
如果僅僅因為一時態勢的改變，
讓你手中有了更多的議價權，
這個時候，還是謹慎為好。

項羽之殤 從奮鬥的落魄貴族到自刎的西楚霸王

成功往往不可複製

高富帥、貴族氣質；非常能打，帶著一幫小弟殺出一片天地；非常有女人緣，身邊有一個可以陪著他去死的絕世美女；戾氣太重，好殺戮；用人不察，身邊的不少馬仔背叛了他；最後，被對頭困住，為了保持尊嚴，選擇自盡。

這段話看著非常像描寫黑幫的套路，但是，這裡我們要說的是西楚霸王——項羽。《史記》裡，上面這些話都能一一對上號。有意思的是，這些要素放在商紂王頭上，也照樣適用。

項羽是楚國貴族出身，紂王出生於中國最古老的王族之一；傳說項羽力能扛鼎，紂王也可以徒手擒拿猛獸；項羽身邊有虞姬，紂王身邊有妲己，而且按照史書記載，這兩個美人最後都陪著他們死了；《史記》記載，項羽動輒屠城、殺降，商紂王更是司馬遷筆下的頭號暴君；項羽身邊，韓信、陳平、英布紛紛棄他而去，紂王身邊，連微子、箕子這些血親都背叛了他；最後，項羽自刎於烏江，紂王自焚於鹿台。

權且不論這些事的真假，一樣的事，放在兩個人身上，一個成了暴君、昏君的代名詞，另一個卻成了悲劇英雄，道理在哪呢？其實在很多方面，我們會發現司馬遷的《史記》並不是很客觀，當然這也可以理解，因為我們都知道他是在什麼狀態下完成的這本書。

歷史上真實的項羽，他的一輩子確實也是非常有戲劇色彩的。兩千多年以前，二十四歲的他跟著叔叔打天下，兩年以後，由於一次意外，他成了家族企業唯一的繼承人。在此之後，經過一系列打拚，他把家族企業做成了行業龍頭老大。從出道算起，用了三年零四個月的時間，他就迎來了人生巔峰。過了僅僅四年時間，三十一歲的他就公司破產、資產歸零、眾叛親離，最後只剩下一個女人，陪著他走到生命的終點。

如今總有那麼一些人，到處販賣所謂的「成功學」。事實上，任何一個人的成功，裡面都包含了大量偶然因素，甚至有一些運氣的成分，這些都是不可複製的。相對創業而言，守業反倒更需要智慧，運氣在其中的權重通常微乎其微。換句話來說，對今天的大多數人而言，研究一個人是如何失敗的，其實比看他是怎麼成功的，更有意義。

言歸正題，我們接著來說項羽。項羽突然成為項氏集團一把手，是包括他自己在內的所有人都始料未及的。

秦末大亂，楚國貴族項梁也隨即起兵造反，企圖在亂世之中分一杯羹。因為在被滅的六大國裡，楚國的殘餘勢力根基最深，而且在文化上，楚國與其他六個諸侯國差異也非常大。實際上在天下大亂來臨之前，始皇帝嬴政並沒來得及改造楚國，所以天下大亂以後，其他幾國的復辟貴族基本都是被秦人打剩下的烏合之眾，並沒多少實力，唯獨楚人還保持極強的經濟和軍事實力。

與此同時，秦國大將章邯率領由囚徒組建的十萬大軍，正在函谷關以東地區四處鎮壓復辟貴族。在現在山東省菏澤市的定陶區，章邯抓住項梁軍事部署的破綻，一舉全殲了項梁所部的楚軍主力，連項梁本人都被秦軍割去了腦袋。

在人們普遍的印象裡，項羽一直是被他叔父當成唯一繼承人來培養的。但仔細琢磨之下這多少有點說不通。項梁自己有沒有子嗣已經無從考證，但是自起兵開始，項梁一直是把自己的這個侄子當成戰將使用。最開始在老家會稽郡殺太守，項羽擔任的就是刺客的角色，起兵以後，他也一直是做為前軍大將，帶著楚軍的前鋒部隊在打仗。照理說，從古到今任何一個有帝王之心的人，都不會把自己的繼承人放在危險的地方，一旦他有什麼閃失，你的事業也就不再有未來了。

除非戰場態勢是絕對地一邊倒，否則戰場絕不是給太子鍍金的好地方，更何況

「統」和「治」從來都不是一回事，光在前線砍人，是學不會帝王之術的。這就好比隋末唐初，一直都是李建成留在長安，李世民和李元吉在外打仗，因為前者才是李淵認定的太子，而後者如果在戰場上出了三長兩短，拋去親情，僅從利害關係來說，這個結果是可以接受的。

定陶之戰的時候，項羽和劉邦兵分兩路，一直往西推進。結果章邯成功地繞開楚軍前鋒，直撲後方大本營，一舉全殲了項梁所部。而項羽恰恰是因為待在理論上最危險的地方，反倒躲過了一劫，由此他才成了項氏集團的唯一合法繼承人。

項梁一死，隨之而來的是另一個讓人大跌眼鏡的意外。章邯回軍北上，一來，北方地區戰略位置更加重要；二來，章邯打算把所有叛軍都吸引到便於大兵團作戰的華北平原一舉殲滅。章邯所選的預設戰場是巨鹿，也就是現在的河北邢臺。

而在此同時，原先被項梁拿來當傀儡的楚懷王熊心，這個時候反倒一下子也有了實權，因為項羽當時根本沒能力繼續控制他。剛一翻身，懷王就對項羽起了殺心。為了壓制項羽，懷王開始拉一個打一個，他扶持原本是外來戶的劉邦，對劉邦是要人給人、要糧給糧。這還不算，懷王緊接著又令項羽率領項家軍剩餘人馬北上巨鹿和章邯決戰。

大家都知道這個時候的巨鹿就是個坑，項家軍又剛剛遭受重創，秦軍在巨鹿集結了二十萬兵力，而項羽手裡的兵力七拼八湊也就五六萬，這裡面真正的精銳力量也就兩三萬。這擺明瞭就是要他去送死。這還不夠，為了能進一步制住項羽，懷王還給他派去一個上級主管——楚懷王的親信宋義。

意外便由此發生了。宋義顯然沒有領會領導的意圖，途中一直拖拖拉拉不動，一拖就是四十六天。這反倒給了項羽和謀士范增重新謀畫、私下串聯各路將領的時間。宋義到達後，項羽突然毫無徵兆地上演了一場下克上，發動兵變砍了宋義的腦袋，重新拿回了軍隊指揮權。

更要命的是，在這四十六天裡，咸陽也發生了一系列變故。

趙高殺了李斯，徹底架空了秦二世胡亥，同時還企圖暗殺章邯派往咸陽述職的副將司馬欣。趙高這一系列瘋狂的舉動，把秦國徹底送上了不歸路。先前他們殺蒙恬、蒙毅兄弟就已經動搖了軍心，而這次和李斯一起被殺的，還有代表軍方利益的馮劫和馮去疾。前線的秦軍對中央政府算是徹底斷了念想。而趙高這個時候也已經徹底失去了理智，在他看來，在前線手握重兵的章邯已經成了自己最大的威脅，所以連他派來的副將也要殺。到了這一步，巨鹿的二十萬秦軍已經失去了繼續作戰的理由。

通常的說法是，項羽能打贏秦軍是因為「破釜沉舟」，但是，真實的戰爭從來不是靠玩命就能打贏的。這就好比真正的草根逆襲，不是光靠勤奮就能達成的。事實是，秦軍王離部放棄抵抗，是在「破釜沉舟」一個月以後的事，而章邯所部停戰，則是十一個月以後的事。而這段時間裡，楚軍和秦軍的防線基本沒什麼變化，即便是《史記》裡也沒有關於這段時間秦軍傷亡數字的記載。從軍事常識來說，陣地戰中，你統計不到對方的傷亡情況，那只能說明你從沒占過戰場主動權。

最後項羽和章邯之間的停戰，史書裡不叫「受降」也不叫「投誠」，而叫「殷墟會盟」。殷墟在現在的河南安陽。也就是說，雙方是結盟，而不是誰打敗了誰。不只如此，關中這塊天下最重要的土地，也被均分給了章邯、司馬欣、董翳這三個秦軍的最高軍事主官。

在項羽和章邯有血仇的情況下，他能答應對方這麼苛刻的條件，唯一的解釋就是，楚軍根本啃不動秦軍。五六萬對二十萬，實力懸殊，當然誰也啃不動。

正是秦國內部的政治傾軋四處波及無辜，導致秦軍將領處於自保和失望的雙重心態，最終放棄了對咸陽政府的支持。而從項羽這邊來說，一場原本是要弄死他的政治陰謀，反倒以楚軍的不戰而勝告終，在各路諸侯中，項羽從一個弱勢的繼承人，變成了擊敗暴秦的英雄。因此，項羽被各路造反諸侯推舉成了縱長，相當於武林盟主，這一年項羽不過才二十六七歲。

這個年輕的貴族子弟瞬間達到了人生的頂峰，但是，到此他的運氣基本也就被透支光了，後面的事，就只能交給智慧來做了。

權、責、利要平衡

我們總說一個人要有上進心、要有追求，那具體該上到哪層、進到何處呢？如果我們把所有繁雜的因素都加以簡化，最終呈現在我們面前的模型，將由三部分構成：責、權、利。

一個人的社會地位，或者說所扮演的角色發生變化，最終肯定都要落在這三樣上面。「利」最簡單，你的工作所能給你提供的財富就是利；「權」即權力，只要是和人打交道，這個世界上的任何一個工作，多多少少都會有一點可以影響他人的權力，即便是天天宅在家裡的作者或是程序員也不例外；至於「責」，則是一旦你的職務行為出了差池，你需要承擔的責任。

一種於人於己都有利的理想狀態，是每個人的責、權、利可以保持平衡。而在兩千多年以前，項羽恰恰是因為沒看清這個問題，結果栽了他這輩子最大的一個跟頭。他後面的一系列問題，很大程度上都是始於這個錯誤。

公元前二〇七年秋，章邯與項羽在殷墟會盟。一直以來，章邯所率領的秦軍都是各路造反諸侯心頭揮之不去的噩夢，誰想一夜之間，大家成了自己人。

一般的說法都認為，項梁和項羽雖然名為叔侄但情同父子。那麼，章邯和項羽按理說應該是有殺父之仇的。可殷墟會盟的結果是，秦軍維持原建制，仍由章邯指揮，不只如此，章邯、司馬欣、董翳這秦軍的一、二、三把手，都得到了封王的承諾。要知道，後來楚軍陣營裡，除了項羽是西楚霸王之外，也只有英布一個人獲封九江王。

項羽並不是個有心胸的人，但凡是攻城略地遇到當地軍民抵抗後，他無一例外會對城中百姓無差別屠殺。能讓這麼一個毫無惻隱之心的人如此妥協，唯一的解釋就是他面對章邯，既沒膽也沒能力把人家怎麼樣。

或許有人問，不是秦國二十萬降兵最後都被項羽坑殺了嗎？非常遺憾，這個說法只見於《史記》這一本書，除此之外，再無其他文獻或是考古證據能證明。況且從常識上說，在冷兵器時代，五六萬人要去殺十幾、二十萬人，而且還是受過訓練的軍人，即便是統統被繳械那也是根本無法完成的任務。再者說，就算項羽和他手下的楚軍個個都是超人，他們連二十萬人都殺了，也不差章邯他們三個吧？非要留下對方還給人家都封了王，封地還是天下最富饒的關中地區，讓他們獲得了項羽手下眾多有功之臣想都不敢想的地位和財富，這在邏輯上顯然是說不通的。

由此我們不難做出這樣一個推斷，當時項羽所率的楚軍，實際力量定然要超過劉邦和其他一些諸侯，但是在面對章邯所率的秦軍時，肯定是占不到什麼便宜的。所謂殷墟會盟，那就是真的結盟，這並不是為了給章邯留面子的托詞。

但是無論如何，項羽的確是終結掉了大秦帝國的最後一支有生力量。加之楚軍的規模和戰力又都強於其他各路諸侯，於是這幫人一起推舉項羽做縱長，差不多就是諸侯聯軍的盟主。而這個不過二十六七歲的毛頭小子，被一堆老傢伙一起哄還真就應允了，殊不知這背後正是人家給他挖好的一個大坑。在此之前，陳勝、吳廣兩人，很大程度上就是死在這些老傢伙的算計之下。這些人打仗不行，對算計卻是駕輕就熟。

項羽這個所謂的「縱長」，聽上去好像非常厲害，可是細推敲一下，我們會發現除了一個虛名，這不會給他帶來任何實際的好處，也就是無利可圖。不只無利，還無權。楚軍和其他諸侯之間的聯盟只是空名，沒有任何實質性的聯繫，項羽對各路諸侯沒有任何實質性的控制手段，這就是「無權」。既無利又無權，但是責卻一點沒少，聯軍的任何一點惡行，不管是誰幹的，肯定都要記在項羽的頭上。

事實上，項羽完全可以不接這個虛名。當初他叔叔項梁想方設法從民間找出一個楚王族後裔，立為傀儡楚王，其本意和曹操挾天子以令諸侯差不多，除了獲得楚地的民心以外，另一方面也是為了讓自己始終可以權大責小，保持一定的回旋餘地。

當時，項羽已經奪回了軍隊的控制權，實力還不減反增，所以楚懷王事實上已經失去了翻盤的機會，後面只能繼續老老實實地做傀儡。這種情況下，項羽完全可以拿懷王當藉口，推脫掉這個縱長的位置。然而遺憾的是，項羽當時並沒有意識到這個問題。

就這樣，章邯所率的秦軍、項羽的楚軍加上其他諸侯軍，共計四十萬人，浩浩蕩蕩、鬧鬧哄哄地開始向咸陽開進。劉邦所率的幾萬人馬，之前因為一路沒碰到多少秦軍主力，所以已經先於眾人開進了關中地區。

而更早之時，在得知章邯在巨鹿和項羽停戰以後，趙高隨即殺了秦二世胡亥，準備獻降，以為如此自己也可以封個王。做為這段時期的過渡，趙高拉來了始皇帝的侄子子嬰做新的傀儡秦王，沒承想子嬰竟然能找到機會反殺了趙高，並且迅速翦除掉他的所有親信。如此一來，劉邦接受了子嬰的投降。

秦人的先祖以五十里封地起家，歷經三十代君王、七百餘年所造就的大秦帝國，最終正式走到了歷史的盡頭，當時是公元前二〇六年的春天。

接下來就是著名的「鴻門宴」的故事了。因為大家太熟悉了，所以這裡我們沒必要再去細說。需要說明的是，如果複盤當時的情況，其實項羽在鴻門不殺劉邦，並非是什麼婦人之仁，相反這是非常明智的。因為即便你殺了他，漢軍也未必就一定會潰散，最後很可能還是要兩軍正面交戰。而無論是章邯手裡的秦軍，還是其他諸侯的雜牌軍，項羽都無法真正控制人家。一旦真打起來，屆時這些人會怎麼做，是不是會來一齣「螳螂捕蟬，黃雀在後」的好戲，都不好說。畢竟，天下就這麼大，少一派勢力就意味著別人可以多分得一塊利益。所以，這種時候什麼都不做，反倒是最明智的。這一步項羽尚可以控制，而後面的事，就完全控制不了了。

當初出兵之前，楚懷王給大家開了一個空頭支票，叫「先入關中者為王」。如今既然劉邦已經和項羽達成了妥協，那起碼從理論上說，項羽就應該是關中王，即便因為有章邯他們的存在，項羽不太可能盡得關中之地，但是得一部分也是可能的。

經過秦人多年苦心經營，關中盆地當時是天下最富庶的地區，而且是戰略要衝、形勝之地。歷史上，周、秦、漢、隋、唐皆是以關中為根據地，最終統一天下。這樣一塊地方，如果讓實力最強的項羽染指，那麼未來必然會成為所有諸侯的潛在威脅。

於是乎，各路諸侯在關中地區開始大肆燒殺搶奪、姦淫擄掠，一時間讓秦地變成了人間地獄。這裡面楚軍的表現如何已經不可考，但項羽既然是縱長，那無論他手裡沾沒沾血，這個罪責自然都只能算在他頭上。

各路諸侯在關中大肆殺戮還有另外一層想法。

當初秦滅六國一統華夏之後，秦始皇並沒有誅殺六國王族，而是強制他們全都遷移到了咸陽居住。六國貴族雖然沒了權力，但待遇並不差，照樣過得鐘鳴鼎食。秦末天下大亂時，那些造反的所謂的六國貴族，其實和六國王族沒什麼關係，有也不過是八竿子打不著的旁支，有的則乾脆只是當地的地頭蛇，真正根正苗紅的六國遺族，基本算是一個都沒有。如今大秦帝國被滅了，這些正兒八經的六國遺族該如何自處呢？

在關中大屠殺之後，後世史料中再無關於遷居咸陽的六國遺民的記載，這裡面的奧妙，不言而喻。

一番殺戮之後，項羽這個諸侯縱長，早已成了秦人眼中不共戴天的死敵，他自然不可能在這裡立足。楚人此時已經是關中秦人恨不得食肉寢皮的仇人，他們即便想留，又怎麼待得住？所以楚霸王所言「不能錦衣夜行」的說法只是一句托詞罷了。

而章邯、司馬欣、董翳三個秦將，在這裡面也屬躺著中槍。明明殷墟會盟談下來，關中將被他們仨瓜分，結果還沒來得及享受勝利果實，地盤就先被一群烏合之眾給禍害了，他們三個在秦人眼中，也成了徹頭徹尾的背叛者，成了「秦奸」。後來劉邦的還定三秦之戰，章邯他們明明是主場作戰，卻被打得一敗塗地，根源就在於民心盡失。

項羽忙活了一圈，卻只是空得了一個西楚霸王的頭銜，最重要的關中地區他一點都沒得到。劉邦雖然也從中退了出來，但他拿到的漢中，是進入關中的戰略通道。項羽手中所控制的實際疆域，與進入關中之前比，其實並沒有實質性變化。他的根據地彭城和關中地區之間，還隔著一個魏國，所以他對關中秦故地根本沒什麼影響力。而且彭城處於江淮平原，四周地勢平坦，無險可守，項羽窩在這裡，就已經不再具備爭天下的資格了。

一失足成千古恨也不過如此啊。

從責、權、利的角度來說，那些看似無比榮耀但事實上責大權小的位置，從處世之道的角度而言，可以說是大忌。從制度設計的角度說，能否保持責、權、利三者配合，其實也是評判一套制度成功與否的標準。權大而利小，則容易滋生貪腐；責大而權小利小，會打擊士氣、流失人才；責小而權大，則容易滋生弄權者，架空上級主管。

總之，項羽離開關中，從大勢來說其實就已經輸了。

能力太強也是負擔

有個詞叫「優勝劣汰」，這詞表面上看沒什麼毛病，但是，歷史上總會有那麼一些倒楣的傢伙，最終反倒敗在了自身能力的強大上。

以項羽來說，他最大的特點就是偏科異常嚴重，可以說他是經濟白癡、政治白癡和外交白癡，可偏偏在打仗方面，能力卻非常出眾。具有如此強大的業務能力，他非但沒有讓項氏集團進一步強大，反倒成為集團發展的最大絆腳石。

劉邦退居漢中以後不到半年時間，就捲土重來，一口氣滅掉章邯等三個前秦勢力。徹底占據關中，也就是原先秦國的疆域以後，劉邦一躍成為當時各派勢力中地盤最大、實力最強的一支，這個巨大的勝利，使得劉邦一時間沒控制住自己。用如今的話說就是，他膨脹了。

項羽這時候就要鬱悶多了，先是兵進關中期間被各路諸侯擺了一道，給他頭上安了一個縱長的空頭銜，然後諸侯聯軍在關中一通姦淫擄掠，當然這裡面作惡的肯定也少不了楚軍，但是最後關中人心裡記住的仇人，只有兩個。一個是做為秦奸的章邯，一個就是首惡項羽。這麼一來，關中項羽肯定是待不下去了，只能和其他諸侯一道撤出關中。

關於撤出關中，一般的說法是，項羽在戲下，也就是現在的陝西臨潼，主持了諸侯分封，不算他自己一共封了十八路諸侯，因為分得不公平，所以導致天下大亂，項羽眾叛親離。其實這件事上，項羽同樣是做了背鍋俠。所謂分封十八路諸侯，這裡面除了瓜分了秦地的章邯、司馬欣、董翳這三位外加劉邦以外，其他諸侯都是當地的地頭蛇出身，所謂的封地原本就是他們在天下大亂以後實際控制的地盤，分封無非是對既定事實走個程序、昭告天下而已，項羽這個縱長在裡面扮演的角色，其實就相當於現在公證處的公證員。

再者，早在秦末天下大亂初期，這些造反的諸侯間相互吞併殺戮，早已是家常便飯。所以說，天下大亂這個鍋，還真不能讓項羽一個人來背。而項羽很可能還沒搞清到底是什麼狀況，就自己號稱「西楚霸王」。「霸」字的潛臺詞就是他自認為是諸侯中的霸主，就跟春秋時代的五霸是一個性質，其他諸侯雖然和他沒有隸屬關係，但是他們必須要買霸王的面子，必要的時候還要聽其調遣。

雖說項羽的實力要強過多數諸侯，但事實上眾多諸侯卻不買他的面子。既然不能說服你，那就只能打到你服了。於是項羽開始對周邊諸侯進行討伐。劉邦能夠順利地完成還定三秦之戰，很大程度上也是因為當時項羽根本沒精力去關注關中。

劉邦統一關中秦地時，項羽正在齊國和當地群眾撕打，其老窩彭城正處於空虛的狀態。劉邦看到有機可乘，想要一鼓作氣滅掉實力最強大的項羽，於是廣發英雄帖，聯合各路諸侯，一下子拉來五十六萬人——當然這個數字很可能是有水分的，組團去掏項羽的老窩。

如此規模龐大的一支聯軍去打一座空城，自然是手到擒來。當時正在山東作戰的楚軍，一下子腹背受敵，落入了非常兇險的境地。大本營丟了的項羽開始展現出他超凡的軍事才能，面對多數人可能都要絕望的境地，這個當時只有二十七八歲的年輕人表現出了超乎尋常的冷靜和大膽。

項羽心裡清楚，劉邦的諸侯聯軍看上去規模龐大，但存在一個最大的破綻：他們並不是一支獨立完整的軍隊，而是一個結構複雜的聯盟。任何性質的聯盟都逃不出一個鐵律，就是成員數量與聯盟質量、聯盟行動力成反比。這和現在網路社區「人數翻番，智商減半」是一個道理。即便是放到現在，歐盟不是也隨著成員國的不斷增加，而變得越來越缺乏活力？到最後，英國為了不被拖累，索性要脫離歐盟了。

劉邦也面臨同樣的問題。先前頭腦一熱，為了打仗時規格盡可能高一點，所以對要求入夥的諸侯來者不拒，結果一來二去，把他自己弄到了幾個月之前項羽所處的那個尷尬境地，有責無權還無利。除政治上麻煩之外，在實際操作層面，這麼大規模的軍隊，缺乏統一指揮協調，那必然是看著嚇人，其實到處都有隙可鑽。

項羽就是看到這一點，所以做了一個極為大膽的決定。他帶著兩萬多騎兵拋開大部隊，馬不停蹄，星夜兼程，從聯軍各部之間的一個個空隙穿過去，然後直撲劉邦所在的大本營，結果一擊命中，聯軍只用一個上午即宣告系統崩潰。

由此楚漢爭霸也就完成了第二階段。項羽憑藉高超的軍事判斷和指揮能力，掰回了一局，但是局面也僅僅是到此為止。因為一次勝利並不能改變楚漢的實力對比。劉邦雖然敗得很慘，但是他背後的關中八百里秦川沃土可是一點沒受損失，戰爭都是在項羽家裡打的，打贏打輸，砸的都是他的場子。

其實很多事和打仗的道理差不多，當總量大到一定程度以後，技術問題其實將不再是問題。我技術不如你，但是我實力比你強，我和你競爭，十次裡面輸掉九次，我輸得起，可是你只要輸一次就再沒有翻盤的機會。說得再露骨一點：一切能用錢解決的問題，在現實中其實都不算問題。

彭城一戰劉邦敗了，但除損失了一部分面子以外並沒有傷筋動骨，至於戰損，他前面損失多少，後面蕭何馬上就能給補上多少。項羽可就就慘了，雖然打贏了，但是自己的場子被砸得七零八碎，最後算下帳來他還是淨損失。比之更要命的是，一連串的軍事勝利，讓楚軍的將軍們都得上了項羽依賴症。

在項梁意外身亡之前，項羽一直扮演的都是一個戰將的角色，可能腦子裡都一直沒想過做繼承人的問題。結果一夜之間，項羽成了項氏集團的第一順位繼承人，可是他並沒有及時轉換角色。從手刃宋義，到巨鹿之戰，再到彭城之戰，都是他親自上手的。

可是做君王和做名將終歸是不一樣的。而久而久之，楚軍上下也都習慣了直接在項羽的指揮下作戰，時間一長，楚軍的管理習慣必然趨於畸形，其他將領在主觀上也逐漸不再習慣於獨立應對問題。

這種情況其實並不稀奇，法國皇帝拿破崙也面臨過這樣的尷尬局面。因為老大太能打了，又非常願意親自上陣，時間一長，下面的眾多高管都慢慢退化了。最終拿破崙這個最高統帥，乾脆成了法軍的救火隊長，哪個方向戰事不利，皇帝就跑去哪裡救火。

人的精力終歸是有限的，當你身為最高管理者，卻把大量精力投入具體的實際操作當中時，必然意味著全域化的管理缺位。即便是牧羊人都知道，在放羊的時候，自己只需躺在石頭上曬太陽，而不需要去插手牧羊犬對羊群的管理。在現實中，很多人因為業務能力強被提拔到管理者的位置，可是在心理上，他們卻依然沒有習慣這種角色的轉換。專業素養的強大，可以讓你在做管理者的同時，兼具一部分指導者的角色，但是這並不意味著你可以越俎代庖。

彭城之戰結束後，劉邦並沒有一路退回關中，而是留在了滎陽，也就是現在的河南鄭州。在這裡他和項羽耗上了，劉邦根本不用擔心關中，因為背後有蕭何這個頭號大管家替自己料理一切，他只需要隔一段時間回去一趟就行。

而項羽則陷入了兩難的境地。這個時候的楚軍只有他親自帶著，才可能打勝仗，所以要想和漢軍對峙，他必須陪著劉邦在鄭州待著。可是鄭州不但遠離彭城，中間還隔著一個魏國，項羽不在國都，家裡那一攤兒基本就沒人打理了，時間一長，社會運行、經濟運轉肯定都要出問題。可如果一走了之，劉邦就在眼前，不弄死他就走了，太不甘心。另一方面，在漢軍眼皮底下後撤確實是非常危險的。就這樣，項羽陪著劉邦在滎陽耗上了，這一耗就是兩年半。

兩年多的時間裡，劉邦回了咸陽好幾次，項羽卻是一刻也不敢挪窩。他眼睜睜看著韓信帶著偏師一路北上，把一系列雜牌諸侯悉數消滅，最後滅了齊國，此時，漢軍的手已經伸到了楚軍的背後。而西楚由於老大長期不在家，又沒有一個拿得出手的丞相，其治理情況也就可想而知了。西楚的敗亡到此已經是毫無懸念的事了。

從這個故事我們得出的結論是：你產品做得再好，如果市場佈局做不好、內部管理做不好，最後必然還是死路一條。

圈子與基本盤設計

從某種程度上說，楚漢相爭本質上就是「傳統的家族企業制度」ＰＫ「職業經理人制度」。

楚承楚制，漢承秦制，僅此一條，其實楚漢對局的結果在一開始就已經是一個沒什麼懸念的定局。

所謂楚制，說白了就是家族管理、血親政治，家就是國，國就是家，二者根本無從分開。戰國時的楚國，本質上更像是一個貴族共和國，甚至說是一個聯邦。昭、屈、景三個氏族共同組成了楚國的羋姓王族，而在它之外，還有敖氏、蔿氏、伍氏、項氏、莊氏、黃氏……每一姓都有他們自己的封地，這些地盤兒不是楚王分封給他們的，而是人家的自留地，很多大族在當地的歷史都可以追溯到殷商時代，只不過是因為楚王室實力最強，軟硬兼施之下，這些大家族才在法律層面承認了楚王是自己的王。

但這種承認也僅僅是理論上的，現實中楚國的各個封地其實就是大家族的獨立王國，不用給中央政府納稅，自己完全掌握行政、司法權力。封地內部，一個人社會地位的高低、財富的多寡，完全取決於他姓什麼，在族內的輩分高還是低。而楚國的中央政府，為了籠絡住這些大世族，還必須給人家的家族子弟預留好職位。國家機器就那麼大，世族子弟和王族子弟們一瓜分，也就再不剩什麼了。

所謂的楚國，就是由一個個大大小小的圈子所構成的，而每個圈子都是以血緣為紐帶而形成的。

有句話叫「打虎親兄弟，上陣父子兵」，在楚國草創時期，楚人的先祖憑藉家族血脈，可以上下同心，篳路藍縷。然而在國家疆域基本穩定之後，這種血親政治又成了楚國一切政治弊端的根源。大家族往往是連肉帶湯一鍋端，壟斷了一切社會資源。他們眼中有家而無國，大族的家事，就是全體楚人的國事，而楚人的國事，在大族眼中根本就是不值一提的屁事。

這種局面，吳起想改變，結果被貴族發動政變，亂箭射死；屈原也想過要改革，結果剛剛動了動嘴，就被流放了。幸好他是王族子弟，否則可能會和吳起一個下場。最終，在秦滅楚的戰爭中，秦人的史書中記載，楚軍面對秦軍的進攻時並沒多少抵抗意志，各部只有在保衛他們本族的封地時，才會拚死抵抗，然而一切都為時已晚。

天下大亂之後，項羽建立起的西楚，從管理模式上說，基本就是戰國時代楚國的翻版，完全延續了血親政治的那一套。一個人在楚營中的地位，本質上依然只取決於他和項氏血統的遠近，這是任何功績都抵消不了的，最顯著的例子有兩個。

項羽的首席謀士范增，號稱是他的「亞父」——意思是僅比親爹差一點。可還沒到關鍵時刻，稍稍一點風吹草動，這個亞父馬上就變得一文不值。陳平跳槽到劉邦陣營中以後，隨即對項羽展開了輿論戰。陳平利用自己原先在楚營的人脈，花重金製造輿論。其實還真說不上是造謠，因為陳平在楚營傳播的言論是：項家完全是家族管理，靠血統搞小圈子，外姓的文臣武將功勞再大，你最終也不過是個打工的，項羽完全可以說扔就扔。

輿論戰中，造謠並不可怕，只要公開透明，做好闢謠就能「懟」回去。可怕的是，對方說的都是對的。

如今無論是政府還是企業，普遍都開始重視輿情，特別是網路輿情，可是這種重視，卻往往讓人忘了輿論的本質。輿論最終是要建立在事實的基礎之上的，它只可能是催化劑，而不可能是改變事實本來面目的置換劑。「蒼蠅不叮無縫蛋」，兩千年前，陳平恰恰是明白這個道理的。陳平下大本錢散佈這些言論，其實並不指望這點「蒼蠅」能造成多大殺傷，他真正對楚軍的打擊，是讓所有人都意識到了項羽這顆蛋是有縫的。

果不其然，楚營的輿論開始有激化項氏族人和外姓高管矛盾的趨勢，而項羽作為老闆，原本應該是居中坐在仲裁者的位置，可是他首先想到的是自己姓項。最終，季布、鍾離昧等外姓將領被邊緣化，做為外臣總後台的范增被解除職務，在回老家的途中病逝了。

漢對西楚的輿論戰之所以像刀切豆腐一般順暢，很大程度上是因為陳平對楚的問題實在是太瞭解了。他也曾經是項羽陣營的謀士，通過功勞獲得了卿一級的爵位，可以說不但有高薪，還有股權。而另一方面，陳平還是楚營圈子文化的直接受害者。陳平曾經做為項羽使臣，說服了殷王司馬卬——其實就是一個地方軍閥，投靠項羽接受收編，結果沒承想，劉邦還定三秦，徹底控制了秦國故土，劉氏集團行情一路看漲，而司馬卬這種地方軍閥，自然就追漲殺跌，轉投到劉邦那邊了。

這其實就是一次不可控的失敗，然而陳平卻成了事件的背鍋俠。因為此事沒人承擔責任不行，讓項羽圈子裡的人來承擔也不好看，很可能眾多項家子弟瞅著陳平這個外來戶也不爽，自然他這個外姓人就該背這個鍋了。好在陳平沒有范增那麼講究，發現苗頭不對就趕緊跑路了。

史書裡的說法是項羽生性多疑。可是別忘了，項羽的叔叔項伯明裡暗裡一直和劉邦陣營有來往，可是始終安然無恙。一句話，你有多大能力，幹了多大成績，到頭來終歸都抵不過一個姓「項」。項羽是典型的貴族子弟，在他的邏輯中，血統才決定了一個人高貴與否。

在他眼裡，他的父輩是老大，他是老二。對於那些布衣平民出身的官員，無論項羽最初如何恭謙禮讓，但他骨子裡依舊覺得這些人永遠不過是自己的奴才，雷霆雨露皆是天恩，用你是看得起你，什麼責權對等、以功授爵，這些在項氏血統面前統統一文不值。

如此一來，項羽集團天然對外姓精英就缺乏凝聚力，進而整個集團也就缺乏擴張力。因為集團中每個人都不是傻子，多數人肯定都會遵循心利互換的對等原則，你給我多少利益和尊重，我自然會給你多少忠心，誰也沒有義務對誰無條件無原則地愚忠。

於是，項羽陣營的控制力和忠誠度迅速被削弱，放著龐大的精英群體，他不願用也不敢用。但是光憑項氏的七大姑八大姨這麼點人來打天下，可能嗎？而且項氏家族的成員，生下來就有乾股，戲下分封以後，西楚的地盤直接成了項氏成員的封地，每個人都有鐵杆兒莊稼。只要沒到山窮水盡的地步，他們就不愁吃喝，自然也沒有向外擴張的動力。

以上這些，其實也是一切搞小圈子機構的通病。這些圈子有的是靠血親，也有的是靠其他天然的關係，但萬變不離其宗，它們都是靠某種親近感而形成的，雖說不可否認這種圈子在初期會有一定的積極的作用。

而劉邦陣營承襲秦的制度，建立起了一套類似如今職業經理人的管理體制。

漢承秦制，而在此一百多年前，商君就已經建立起了秦的基本盤體系。劉邦打天下，靠的不是中陽裡的鄉黨，也不是劉氏族人，而是一個更大的盤面。雖然比之秦國，這套體制的公平性弱化了不少，但大體結構依然不差。能力和實際利益激賞，是連接這個基本盤的唯一紐帶：功必賞，過必罰，最大限度地讓所有平民成為漢陣營的基本盤。以功授爵制度，從平民當中可以不斷遴選出精英，而且這些精英還是現行體制下的受益者，他們成為這個基本盤的第二層級，而眾多高端精英，在劉邦一視同仁的態度下，成了最核心的第三層級。

劉邦陣營內，從丞相蕭何往下直到普通士兵，大家都是要靠業績吃飯的。別看劉邦動不動一高興就給誰封個侯爵，可封的都是別人手裡的地盤，你要想兌現，就必須先和劉邦一起幹掉項羽和其他一堆雜牌諸侯。有公平公正的激賞體制，又有一個明確的目標在那擺著，後面的事自然就好辦了。

公元前二〇二年年初，楚漢之爭最終落下帷幕，楚滅漢興。劉項之間差的，不是運氣，更不是人品，而是實力上的差距。而造成這種實力差距的，是制度以及領導者的胸襟、見識的差距。

需要指出的是，直到最後一刻，項羽還是沒放下他的貴族邏輯。

項羽被困垓下，深夜突圍。我們都知道霸王別姬的故事，可這背後還有一個殘酷的事實：垓下被圍時楚軍尚有十萬人，項羽沒有像長平之戰中的趙括那樣率全軍突圍，而是趁天黑帶著八百親兵秘密逃離，對垓下的數萬楚軍官兵，項羽沒有給他們任何交代，既沒有佈置他們突圍，也沒有授權他們向漢軍投降。

這樣一來，這數萬楚軍就在毫不知情的情況下失去了指揮。楚軍營地的一切如常，成了項羽逃跑時最好的掩護。在項羽眼裡，這些普通兵卒為他這個貴族獻身，恐怕應該算是他們祖上積了陰德。第二天面對漢軍的進攻，楚軍上下還在傻呵呵地等待主帥下達命令，卻始終沒等到。沒有命令又不敢隨便逃命，結果一戰下來，十萬楚軍被漢軍斬首八萬。

《史記》裡對項羽的死，司馬遷同時寫了兩個版本。一般人們知道的只有烏江自刎那個特別熱血的版本，但這只在《史記・項羽本紀》一篇中出現。而同時期的絕大多數歷史文獻，包括《史記》的其他部分，對項羽之死通常都說得非常簡單明確：項羽逃出楚營後，被灌嬰所率的騎兵斬殺於東城，而此處距離烏江尚有一百多公里……

注

關於項羽垓下被圍，有一個著名的典故「四面楚歌」。按照司馬遷的說法，當時漢軍半夜在楚營外高唱楚歌，楚軍自項羽以下莫不以為漢已盡得楚地，於是士氣崩潰，才有了後面的項羽率八百騎南逃烏江。

但是問題來了：在沒有音響設備的古代，光靠肉嗓子在曠野中使勁喊，一個人的聲音能傳出多遠？而且為了安全考慮，士兵唱歌時肯定還不能離楚軍營地太近。

一個營地要保障幾萬人的吃喝拉撒，那鋪開了絕對給人的感覺是「無邊無際」。要讓大部分楚軍都聽到，劉邦和張良得準備在楚軍周圍放多少個千人合唱團？而且軍隊主官的營帳肯定是在營區內層，如果項羽本人都可以聽見歌聲，那這些人是在什麼地方唱的？大軍駐紮，無論晝夜，外圍必然要保持多支小股部隊來回巡邏，如果漢軍的「合唱團」和人家遭遇了怎麼辦？要是漢軍真能解決這麼多技術問題，那索性過去對項羽搞斬首行動更合適。

除此之外，當時不是楚軍「以為」楚地盡失，而是本來就是如此，灌嬰就是從彭城過來的。如果項羽的情報系統已經差到這麼久都不知道這件事，那麼恐怕他也沒可能活著跑到垓下。

而至於「霸王別姬」，其實也不過是後人的杜撰——歷代史書中，對項羽的王后都沒有記述，關於他身邊的女人，《史記》中只有八個字——「有美人名虞，常幸從」。《漢書》裡只多了一個字——「有美人姓虞氏，常幸從」，僅此而已。

劉邦稱帝◎心理定價與格局

戰國時代是我國歷史上「草根上位」「草根逆襲」的第一個黃金時期，而把這件事做到極致的，顯然是後來我國歷史上的第一個草根帝王——劉邦。這裡我們首先要說明一個問題：能「逆襲」的「草根」其實從來都不是真正的「草根」，只不過是老天爺小小的一次任性，最初把他們放錯了位置而已。

我們知道，知識可以靠後天努力去慢慢積累，但是還有一些東西，靠努力也是得不到的——這就是一個人的「格局」。那什麼是格局呢？形象點說，它就好比是我們心裡的一套定價體系，對我們來說，什麼算貴，什麼算賤，什麼算重要，什麼算不重要，這些問題決定的不只是你的消費觀念，也是你給自己所設定的「玻璃天花板」的高度，一旦到達這個高度，你將很難再有提升。

通常教科書裡都會告訴我們：那些成功的大人物，在發跡之初必然是勵志典型，年輕人學習的榜樣和道德楷模。他們一定是天天起早貪黑、勤勤懇懇，勤儉節約、遠離聲色犬馬、過著近乎苦行僧的生活。是否果真如此我不知道，但在劉邦身上，我們很難看到這些「美德」。按照普通人的價值標準，早年的劉邦絕對是個典型的

「Loser」——失敗者。

他成天遊手好閒、不事生產，只知道四處結交各種奇怪的朋友，一直到三十多歲還是一個老光棍外加啃老族，房無一間地無一壟，連老婆孩子熱炕頭這個最基本的人生標配都沒混上。不僅如此，面對公務員和知識分子，他還一點都不虛心，不懂得講文明禮貌。

總而言之，「五講四美三熱愛」劉邦是一條沒做到，但是，這些「罪過」也沒妨礙他後來成為大漢的開國皇帝，他是繼始皇帝之後，第二個實現華夏大一統的人。

那究竟是歷史錯了，還是某些道理錯了呢？這個問題我們暫且不去細究。其實人的發展往往是非線性的，有句名言叫：不想當將軍的士兵不是好士兵，但是，在現實中很多將軍未必就是好士兵。

雖然說大格局意味著大的發展空間，但是，當你的格局或者說定價體系與你所處的境遇不符時，這就未必是一件好事了。有些人總愛說「一屋不掃何以掃天下」，可現實是，能掃天下的人，在他們的眼裡往往就不存在「一屋一舍」，他們看到的是山川地勢，是財貨，是人口的多寡。這些人在和平時期，很可能不具備普通人的生存能力，比如韓信，比如劉邦。

在普通農家看來，幾吊錢是能決定全家生活質量的大事，而有沒有穩定的家庭，對他們來說更是天一般大的事，可這些在劉邦眼裡卻都不是事兒。於他而言，最重要的東西是人脈、是時機。時機到了，散盡千金都不可惜，時機未到，這幾吊錢和老婆，有與沒有，區別不大。

早年被劉邦看重的人，比如樊噲、夏侯嬰、灌嬰、周勃這些人，雖說混得都比他好，但也強得有限。這些人真算不上是社會上的成功人士，有的甚至還帶點「社會人」的習性。在先秦時代，中國實行的制度和現在的瑞典、以色列差不多，都是兵民一體制度，老百姓每年都要定時參加地方政府組織的軍事訓練。劉邦恰恰是通過這些機會，看到了這些人的軍事素養和成為管理者的潛質。這也就解釋了為什麼一群做小買賣的、宰狗的、給紅白喜事拉鼓樂班子的，關鍵時候都能披掛上陣、領軍打仗。

《史記》裡最讓人不解的就是漢王朝的發跡史：好像就是一群小草根跟著一個超級大草根，沾了張良、韓信幾個貴族遺老遺少的光，莫名其妙就集體逆襲成功了。

其實劉邦恰恰是在自己到處結交朋友過程中，按照自己的標準，篩掉了他所認為的真正的「草根」。不但把這些人統統濾除了，而且連其他人怎麼評價自己也壓根不在乎，在飲食男女的問題上從來沒考慮過為了旁人看著舒服就委屈了自己。站在一般人的角度來看，你說他遊手好閒、貪杯好色、潑皮無賴，好像都沒錯，畢竟人們能看見的只有表象。所謂「本質」，在沒顯現出來之前，誰也沒理由去相信它。

那麼劉邦的這種心理估價體系，究竟算好還是不好呢？這裡沒有答案。這個世界上，沒有誰天生就知道自己會去造反做皇帝，最開始的時候他的所作所為哪可能有那麼多深謀遠慮，無非天性使然。

論歲數，劉邦其實只比始皇帝嬴政小三歲。早年間他還曾經粉過魏國的信陵君魏無忌，而且還是鐵杆腦殘粉。他從老家沛縣跑到魏國大梁，而這時信陵君早就死了，又不甘心無功而返，轉而投奔信陵君的親密戰友兼門客張耳的門下。直到秦滅魏國，張耳上了大秦帝國的追逃名單，劉邦才跑回沛縣老家。劉邦是公元前二五六年生人，秦滅魏是在公元前二二五年，從時間上算，他都三十了還在追星呢。

信陵君身上的種種特質，和秦制是完全相悖的，而劉邦建立漢朝又繼承了秦制，劉邦粉信陵君的行為應該是基於某種現實的考慮。說劉邦早年不事生產、好酒好色是在下一盤很大的棋，說出來估計連他自己都會笑。劉邦最大的幸運是他趕上了秦末大亂，如果沒有這場動亂，或許他就是鄉里的一個笑柄，最多能在死後被左鄰右舍記住個把年。

能逆襲的「草根」，其實他們與王侯將相相差的無非是財富和社會地位，就心智乃至價值評判標準而言，兩者別無二致，甚至他們的才智遠比那些王侯將相要出色得多。當亂世降臨，契約、職務、社會地位這些傳統因素對社會的影響力將會大為縮水，這種時候像劉邦這樣的異類，就有了和上層貴族競爭的機會。

如果在太平盛世，劉邦、韓信之類的人和普通人相比，反倒是毫無優勢。劉邦那種大開大合的處事方式，在面對柴米油鹽的時候會顯得格格不入，這些都會讓他的生活面臨很多麻煩。

如今人們依然在討論寒門子弟如何獲得上升空間的問題。其實從國家層面來說，歷朝歷代，哪一朝都不會為了給寒門子弟提供上升通道，而壓低選才用人的門檻，這就好比你不能因為山區的孩子沒條件學某一門類的知識，高考就不去考這一門。從國家層面來說，最明智的做法並非是靠政策來扶持寒門子弟上學、當官，而是要在社會分配層面，減少寒門的比例，盡最大可能去增加中產階層。

劉邦、陳平、樊噲這些人家雖然不是貴族，但也不是我們現在語境下的貧困戶，嚴格說他們都應該是出自中產之家。

社會中下層要想擠入上層，最大的障礙恐怕並非是財富和人脈，而恰恰是他們腦子裡的那套估價體系。一個平民之家，不精打細算肯定過不好日子，但是一個人天天忙於精打細算，也的確不太可能有精力再去算大帳。細說起來，這世上又有哪個富翁的錢是靠省出來攢出來的？身分和思維如果脫節，不會是一件舒服的事，王者的思維配上底層的地位，如果沒有機遇，那就是一個悲劇；反過來如果地位上升了，卻依然沒擺脫窮人的思維，那你可能就是《人民的名義》裡那個「窮怕了」的趙德漢。

劉邦身上有帝王潛質，從外部條件說也趕上了好時候，但僅僅靠這兩樣，尚不足以激活他身上的帝王之氣。

蕭何擇主 ◎ 育木而棲

劉邦身邊的臣子當中，最為特殊的一個就是大漢首任丞相蕭何。

在帝王將相完美合作的歷史故事裡，主旋律就是賢臣投明君或明君訪賢臣，而劉邦和蕭何的合作，打開頭就沒按這個套路演。在那樣一個危機四伏的王朝末世，究竟誰是賢臣誰是明君還真不好說，況且賢和明只是相對而言，只有合作默契才能稱得上是彼此的賢臣明君。

有句話叫「良禽擇木而棲，良臣擇主而事」，而蕭何做的，應該叫育木而棲。一般人都是找個合適的老闆打工，或者是自主創業當老闆。而蕭何是自主創業，同時給自己培育了一個老闆出來，這個老闆就是劉邦。

故事得從劉邦回到老家沛縣說起。

當初劉邦為了追星，從現在的江蘇徐州跑到了河南開封，直線距離有三百多公里，這在當時絕對不算近。他投到了張耳門下。這樣漂了幾年，秦滅魏國後，張耳等魏國一眾上層貴族一哄而散，劉邦沒辦法又回了老家。

劉邦回到沛縣以後也不省事，不但不事生產，還時不時就打架鬥毆或者妨礙公務，被縣衙行政拘留。一來二去，他就引起了縣裡一個功曹的注意，這個功曹也是沛縣本地人，名叫蕭何。

蕭何家在沛縣當地應該算是條件不錯，據史書記載，他們家世代都出知識分子，這樣的家庭，經濟條件肯定不會差。他所做的功曹，差不多就相當於現在的縣委辦公室主任，在縣令不在職的時候，他有權行使縣令的權力，所以這個位置事實上相當於縣裡的二把手。

這裡我們加句題外話，從這段歷史我們發現兩個問題。

首先，傳說中秦法酷烈，一不留神犯點錯就要被割鼻子毀容，其實是不存在的，否則像劉邦這樣的老炮兒，怎麼可能幾進宮以後還能全須全尾地出來？

另一個問題是，秦統一天下之戰到了後期，官員的數量已經不夠用了。按理說，秦國的官員選拔和培養都有一套完整的流程，一個人能耐再大，也得用幾年時間走完流程。而隨著秦版圖的急劇擴張，這套人員選拔體制開始入不敷出。很多新收之地，風土人情乃至方言都和秦國本土大不相同，咸陽派去的官員到任以後完全是兩眼一抹黑。最後只能變通著來，咸陽只派一兩個主官，具體事務還是由當地官員辦，蕭何、夏侯嬰這些人，就是這麼進的縣衙，甚至他們可能就是舊政府的留用人員。

而這就給秦帝國的基層政權埋下了隱患——這些人後來都造反了。其實到現在，很多企業擴張過快以後也是這樣，最大的問題不是資金跟不上，而是人員跟不上。

回到正題上來。蕭何一方面來自本地有影響力的大族，另一方面，他本人確實極富才幹，沒用多久，他就吃透了秦的各項律法條例，所以政績非常突出。當時咸陽會不定期地派出監察御史到各地巡視，就和現在的中央巡視組性質差不多。很快，一個監察御史就注意到了蕭何的能力，準備報請上級把蕭何調入咸陽任職。

如果是一般人，肯定認為這是一夜之間到了人生的轉折點。可是偏偏蕭何不領情，人家好說歹說，就是不肯上調，最後這個監察御史也沒轍了，只好由著他留下。

其實蕭何心裡非常清楚，秦在新國土上的政權並不穩固，而且始皇帝時期，各種基建項目集中上馬，國民經濟已經出現了嚴重的投資過熱現象，各級政府的財政都存在極大的隱患。做為一個負責具體事務的官員，蕭何對此自然是心知肚明。在秦二世上台以後，朝堂上政治混亂，相互傾軋，各級官員都必須搞政治站隊、人人過關。

這種局面下，這個國家的崩潰其實就是一個時間問題。蕭何如果離開本鄉本土，跑到咸陽去做個所謂的京官，無非就是享受幾年面子，後面必然要給這個帝國陪葬，甚至於在咸陽那種波詭雲譎的政治氛圍下，他都活不到帝國崩潰，就會成為政治鬥爭中的犧牲品。

如果留在沛縣老家，他自己不但更加安全，還可以在即將到來的亂世中尋求機會，大大地分一杯羹。當時，項伯、項羽叔侄正在暗中招兵買馬，積蓄力量。蕭何在徐州其實也幹著差不多的事，而在他的計畫中，居於核心的並非是他自己，而是劉邦。

在一般人看來，劉邦就是一個讓人頭痛的混混，可是在蕭何看來，這個混混可不是一般的混混。首先，劉邦早年肯定是上過學的，漢初的燕王盧綰最早就是劉邦的發小兼同學。你不能說他水平有多高，但人家肯定是有文化的，否則也做不了泗水亭亭長。劉邦的弟弟劉交是荀子弟子浮丘伯的學生，可以說是大學者。其次，劉邦早年崇拜信陵君，甚至為此可以拋家舍業遠赴河南開封，技術層面先不說，這起碼說明劉邦是有自己的理想的。一個有文化、有理想的「混混」，和那些只會吃喝嫖賭的混混，能是一回事嗎？

而且劉邦所結交的一幫朋友，從販夫走卒到衙門口的公務員，可謂是一應俱全，這些人身上都有那麼一點平時不引人注意，但在亂世絕對用得到的特質。樊噲、灌嬰、周勃、夏侯嬰、盧綰這些人，隨便拉一個出來就能領兵打仗，不是因為他們先前跟對了人，而是因為劉邦最初就選對了人。

此外，劉邦幾次犯事，背後真正的原因是，他從心裡對權威就沒有畏懼之心，這對於平民來說不是好事，而對一個王者恰恰是應必備的條件。對大人物保持禮貌即可，但絕不該畏懼和盲從。

如果這算是混混的話，劉邦身上的這些潛質，其實更像民國時天津衛、上海灘的那些「大混混兒」，比如杜月笙、黃金榮。只不過歷史沒給劉邦這個機會，所以他只能造反當皇帝去了。

而更奇妙的是，劉邦身上的這些特質，蕭何能看得一清二楚，他甚至比劉邦自己都清楚。既然蕭何有這般見識，也有基本的條件，那他完全可以自己創業做老闆。可他偏偏自己不幹，卻刻意引導、甚至可以說是培養劉邦，要把他塑造成自己未來的老闆。

為了這個目標，蕭何幾次幫著劉邦平事，把他從局裡弄出來。後來又保舉他做了泗水亭亭長，也就相當於現在的鄉長。雖然這個官不大，但以劉邦的悟性，很快他就能對權力有一個直觀的認識。而提拔這麼一個歷史不清白還有案底的人做公務員，蕭何當時肯定得消耗不少資源。

後來，劉邦放跑修驪山墓的囚徒，帶著人躲進芒碭山，還是蕭何保了劉太公和呂雉的平安。沛縣起義時，蕭何帶著曹參、夏侯嬰，和劉邦裡應外合，殺了縣令。然後蕭何聯合眾人，推舉劉邦做了沛縣之主，號為沛公。至此，一個東陽裡的「Loser」兼混混兒，正式被蕭何培養成了自己的老闆。

從人生規畫來說，蕭何如此行事，其實是給自己找了一條性價比最高的路。

蕭何比劉邦早生一年。他們造反那一年，劉邦四十八，蕭何應該是四十九。當時的縣，地位上其實就相當於現在的市。照理說，做為市政府的二把手，蕭何當時早就已經處於人生的舒適圈了，他冒著全家被殺頭的風險這麼費心，就為了給劉邦做嫁衣嗎？當然不是。

那他做這一切意義何在呢？

蕭何家是當地的大戶，在亂世之下，這種家族可謂是不進則死，你不去折騰，就肯定要被折騰。他既然能提前聞到亂世的味道，自然就要早作打算。

而從技術層面來說，在亂世造反和現在創業本質上差不多，都是一件有高風險的事。見識、智慧、理想這些特質是王者的必要條件，但僅僅靠這些是不夠的。一個人要走到那個位置，還需要有一股王者之氣，王者之氣就是：關鍵時刻能夠大開大合，行事捨棄中庸、殺伐決斷，擁有常人所不及的決心和毅力，不受日常輿論、世俗道德的影響和左右，雖瀕臨困境卻能舉重若輕，胸懷天下而放眼四海……

這些要素不說是天生的，但肯定不是學校裡能學出來的。

劉邦還是亭長的時候，見到始皇帝的車隊通過，脫口而出一句「大丈夫生當如此」，這裡面沒有羨慕嫉妒恨，沒有卑躬屈膝，只有一股子豪氣！

這是學得來的嗎？

假如天下大亂提前了二十年，蕭何三十來歲，憑著年輕，或許他能保持一股差不多的豪氣，或許也會選擇走向前臺。但歷史不能假設。蕭何瞭解劉邦，同樣也瞭解自己，他有見識、有智慧、有才能，唯獨沒有這股王者之氣。一個人的位置並非越高越好，而是越適合自己越好。什麼算是適合自己的？這就需要你有自我定位的能力，而這種自知正是多數人所沒有的大智慧。

此外，從投入產出比看，蕭何選擇屈居人後，其實也是降低了人生的機會成本和帳面成本。從機會成本來說，做老大的獲益高但是風險也是最大的，如果有朝一日失敗，別人都有機會投誠、接受招安，唯獨老大沒有；從帳面投入來說，蕭何雖然一直是大漢帝國的首席大管家，但論心理壓力和工作壓力，比起劉邦來還是要輕鬆得多，論生活質量，肯定還是蕭何更高一點。

不說別的，論壽命劉邦也沒活過蕭何，劉邦病逝時六十二歲，生前除了造反，和項羽爭天下，就是打匈奴和四處平叛，等到天下太平了，他的人生也畫上了句號。蕭何比劉邦多活了四年。劉邦死後，劉氏血脈隨即捲入宮鬥，皇子們被呂后殺得七七八八，而蕭何家族卻一直安享尊榮，後代一直承襲著蕭何的爵位。

這算不算是蕭何算計劉邦呢？其實也算不上。劉邦生來奉行的處事原則，就是

「不能九鼎食，便當九鼎烹」。事實上蕭何對劉邦的忠誠，是臣子當中最高的，楚漢爭霸期間，劉邦可以放心把背後託付出去的，唯有蕭何一人。

這君臣二人是各得其所，真正可以稱得上是明君賢臣。

德不律人 ◎ 賢者居其位，能者在其職

《漢書》中有一卷叫《高惠高後文功臣表》，這裡面對文臣當中的三大功臣做了點評，他們分別是：蕭何、陳平、張良。

對蕭何的評價是：「守蜀及關中，給軍食，佐定諸侯」——簡單說，蕭何就是漢帝國的首席大管家。那麼張良和陳平對漢帝國的貢獻有哪些呢？

在漢的臣子中，張良屬比較特殊的一位，他是帶資參股。和人們想像中道骨仙風的形象不一樣，真實的張良其實沒那麼神，人家真正牛的是手裡的資源。

張良的爺爺張開地、父親張平都曾是韓國的丞相，兩人一共經歷了五代韓王。從技術角度來說，權力能夠在王族血統以外世襲傳承，唯一的解釋不是這個人賢能，只能是這個家族的勢力太強大了。

韓國被滅國之後，韓王室被強行遷往咸陽，張良卻能平安無事。秦滅六國以後，他還能有可靠的情報網和社會資源，在博浪沙組織對秦始皇的刺殺，失敗以後還能安全撤退，不但保證自己沒事，還能罩著被通緝在逃的項伯⋯⋯

這些事，要是沒有足夠強大的勢力，哪一件都是辦不成的。

張良和劉邦初次相遇的時候，就已經自費組建了一支私人武裝，這哪裡是道骨仙風，明明就是漢朝的杜月笙。

最開始張良和劉邦的關係若即若離，並沒有明確的君臣名分。鴻門宴的時候，張良更像是第三方的調停人，而不是劉邦的臣子，否則他說話也不會那麼好使。一方面，劉邦這邊始終對他虛位以待，另一方面，張良也有自己的產業。鴻門宴以後，劉邦被擠到了巴蜀、漢中，這後面的變數其實非常大，張良這個時候選擇退出來自主創業，從人情來說，這不能算錯，但也不算特別仗義。

張良走的路子其實和項梁差不多，找來一個韓王室的後裔韓成做韓王，以復韓的名義拉起了一支武裝。張良有勢力、有社會資源、也有頭腦，但是他的打仗能力就不怎樣了。這位屬總體謀畫能力強，但具體動手能力極差的人。他直接指揮的幾次戰役都以慘敗告終，而他面對的還是秦國縣一級的守備部隊，主要就是負責治安管理的隊伍，戰鬥力也就比城管強點有限，比大秦正規軍要差出幾條街去。

幾番折騰以後，張良這點家底賠得差不多了，韓王成也死在了項羽手裡，而此時劉邦已經重返關中，張良才正式投到劉邦門下。

這就好比是你自主創業失敗後才回來投靠原老闆。劉邦對此並沒當回事，張良回歸以後，依然處於核心圈子。從劉邦這個老闆的角度來看，用人無非看重兩點：一是是否有用，二是忠誠度是否有保障。張良本身就具備高級顧問的素養，此外，借助家族勢力，張良在各個大族之間擁有廣闊的人脈，這對外交來講是極為重要的。至於忠誠度，賠光了家底的張良，肯定比以前忠誠度要高，至於張良之前的幾進幾出，劉邦根本沒有在意。

擁有足夠大的胸襟，不被情緒所干擾，這也是領導者應該具備的素養。

相對於張良，陳平是更為純粹的職業經理人。陳平是從項羽那裡溜出來一路投奔到了劉邦這裡的。關於陳平有這麼幾件不算大的事，但可以看出這個人的見識和處事原則。

陳平自小熟讀黃老之書。年輕的時候，一次鄉里搞祭神，祭祀完了，由陳平來負責把祭肉切開分給鄉親們，分完了以後大家都挺滿意，誇陳平分得好。陳平就一個人感慨：要是有一天能讓我治理天下，我也能像分肉一樣使眾人心服。

大家可能會想，不就是分個肉嘛，怎麼陳平就能開腦洞開到治理天下上去了？其實陳平恰恰是很早就看清了管理的實質：治天下即宰天下，而所謂宰天下，即分天下之利。所以丞相這個官職又被稱作宰相、太宰，而管理的實質就是一個利益分配問題，分配平衡了則管理成功，不平衡則管理失敗。

另一件事發生在分祭肉以後。陳平和同時代的幾個強者差不多，都有一個不事生產的毛病，年輕時天天宅在家裡看書，順便把自己養得又白又胖，按當時的審美絕對是小鮮肉。他總不幹活，家裡所有的農活兒就只能落在他哥哥一個人身上。在當時，為了避免出現遊手好閒的啃老族，秦法規定，男子加冠成年以後，兄弟必須分家各過各的，否則就必須繳納雙倍租稅。陳平他哥為了弟弟，一直咬著牙不分家，結果就是一個人幹活，交兩份稅，時間一長，家裡就過不下去了。

正在這兄弟倆快山窮水盡的時候，有個張屠戶家招女婿。在農業時代，屠戶這個職業聽著不好聽，但絕對是社會上的高收入階層。這張家大小姐哪都好，就一個缺點——太能「剋夫」了。前後嫁了五次，五次都是新郎官沒熬到拜堂入洞房，就因為各種原因死了。五婚以後這張家小姐還是黃花大閨女，可是誰也沒膽子再去做這張家小姐的第六任老公。

陳平一聽這消息，立馬就去相親了。說白了，陳平就是奔人家銀子去的。在一般人看來，這多少有點真小人的嘴臉，但這也說明一點，陳平這個人不拘常理，也不會用道德外衣來標榜自己。

可你要說他貪財，第三件事就更有意思了。

按說一般人跑路，肯定要先收拾細軟。但陳平從項羽大營裡跑路的時候，卻把項羽給他的錢、財、物都歸攏好，一樣也沒帶走，來了個「掛印封金」。不過他這麼幹，可不是為了彰顯氣節。一來，把接受的財物全都留下，封好了再走，以他對項羽的瞭解，項羽怎麼也不太好意思追殺自己。更重要的是，從項羽大營到劉邦所在的關中，這一路上早就是盜賊四起，他一個不能殺不能砍的文官，拿著一大筆錢出去走一圈，鐵定是個死，什麼都不帶反倒安全。

途中有一次渡河，船夫看他生得白胖白胖，又是一個人出門，就覺得這肯定是只肥羊，於是心生歹念。陳平自然看出來了，所以一上船，就脫了衣服，光著臂膀，等於是告訴船老大，我身上什麼都沒有，您就不用費心了。這又恰恰說明陳平知主次、明取捨。

能夠做到這一點是很難的，在好些突發災害中，很多人正是因為關鍵時候貪戀財物才死於非命。身上沒錢，陳平這一路恐怕過得很不舒服。但這樣的人正是劉邦所需的。能一眼看透管理的本質，能在關鍵時刻做出最明智的取捨判斷，這是才能。對自己的利益訴求乃至欲望不加掩飾，在常人看來是不知恥，可在劉邦這個老闆看來，這人在自己面前清澈見底，自然易於管理。在忠誠度上，陳平這樣的人可比那些道學先生讓人放心得多。

陳平到任後不久，關於他的匿名檢舉信也隨之到了劉邦這裡。有人舉報陳平早年行為不檢，和自己嫂子不清不楚，很可能有不正當關係，而且還貪財收受過賄賂，之前曾經兩次跳槽，沒有忠誠觀念。

對此，劉邦就是一笑了之。通常來說，只有在技術層面找不出人家罪過的情況下，人們才會用道德來否定一個人。反過來說，有人舉報陳平有道德污點，這些事情的真假暫且不論，這恰恰說明了他在做事方面讓他們挑不出毛病。

從領導者角度說，過分的道德潔癖，絕非一個好習慣。德可自律，而不可律人。對用人而言，只能憑藉幾個量化標準來管理人，畢竟在很多時候，道德這個東西是很難量化，也很難統一認識的。適當的包容，在某種程度上來說，也是管理者的一個必備要素。

舉個不太恰當的例子。在過分的道德潔癖氛圍之下，沒準兒就會有人給你的手下設個仙人跳之類的局，以此要挾他就範，讓他出賣企業的關鍵訊息。顯然，這是得不償失的。

有一個政治上不太正確的說法，獅子不可以犯獅子的錯誤，狐狸不可以犯狐狸的錯誤。規章制度，必須要在不同的群體間統一標準，而在現實操作中，道德標準在不同的群體乃至不同的環境下，其實是難以統一的。

當然，一切終歸是有度的。國家終歸是要有一個道德風尚的問題，企業也肯定要考慮公眾形象。對於這個問題，在戰國時代，孟子就給出了答案：賢者居其位，能者在其職。把道德模範放在標杆的位置上，把有能力的人放在做實事的位置上去，兩者互不干涉，並行不悖。

劉邦用的人，有個說法叫無恥嗜利之徒。恰恰因為這幫人嗜利，激賞機制才好運轉，要是這些人天天玩情懷，死活不提利益訴求，可心裡算盤又打得劈啪響，面對這麼一群人，估計老闆會直接瘋掉。

在大漢開國之後，劉邦一方面論功行賞，另一方面又四處尋訪老學者，恢復了儒家經典——《尚書》，這就是為全社會樹立道德基準。但是話說回來，對於道德終歸只能是提倡，而不能去硬性規定，否則就變成了以德律人，這終將導致德、法不分，社會治理出現混亂。

韓信失勢◎議價權因何貶值

「勢」與議價權

大漢歷史上有一個著名的「作死」的典型，那就是韓信。

一說到韓信，多數人腦子裡都會出現這樣的概念：「兵仙」、「兔死狗烹」。韓信是兵家奇才，靠一人之力打下了大漢江山，功成名就以後，漢高祖劉邦忌憚功臣，於是兔死狗烹、屠戮功臣。

很多人頭腦中的所謂「歷史」，都是歷史課本和評書演義的混合產物，譬如對韓信的這個刻板印象。其實在真實的歷史中，的確存在很多能力超乎常人的強者，但是這個世界從來不會僅靠一兩個人的力量，就發生根本性的逆轉。

真實的歷史中，韓信的確是一個優秀的將領，但遠沒有人們印象裡那麼神。關於這個問題，我們得先從大處著眼才能說清楚。

歷史上的楚漢戰爭，從項羽火燒阿房宮，諸侯各歸其位算起，大致可以分成三個階段：

第一階段，還定三秦。劉邦從漢中打回關中，滅了章邯、董翳、司馬欣這三個前秦將領，基本掌握了戰國後期秦國所控制的疆域。漢軍打得最慘烈的時候正是這個階段，連侯爵一級的高級將官，都陣亡了兩個。但是這種情況在後來再未出現過。而漢家天下的大勢，正是在這個階段奠定的。

打仗歸根到底拚的是國力。劉邦既然恢復了戰國後期秦國的疆域，那就說明當時的力量對比也基本恢復到了戰國後期的樣子，漢取代了秦成為天下的NO.1。當時漢的實際控制範圍包括如今陝西、寧夏、四川全部，甘肅、山西、河南、湖北大部，而西楚霸王項羽手裡，掌握的是現今的江蘇及安徽北部部分地區，外加山東東部及河南南部的少部分地區，這種實力對比懸殊的戰爭，後面已然沒有太多懸念。

第二階段，劉邦頭腦發熱，想畢其功於一役，趁著項羽在山東和當地諸侯掐架的時刻，聯合各路諸侯，直接殺奔項羽的國都彭城，結果打敗了，全線後撤。但是，這次損失對劉邦來說並沒傷筋動骨。

楚漢戰爭進入第三階段，劉邦親自率領漢軍和項羽主力在現在的河南省滎陽市一帶展開了長期拉鋸戰，不緊不慢地消耗楚軍的實力，另外派出一支偏師北上，消滅其他實力更弱的諸侯。

而韓信真正登上歷史舞臺，就是在戰爭的第三階段，帶領偏師北上的將領就是他。所以，要論韓信對大漢基業的貢獻，其實遠沒有人們想像中那麼大，而且他所指揮的大部分戰役，打的都是一些三三流的小諸侯，戰果雖大，但含金量就要差一些了。

大部分時間，和項羽主力在打仗的，一直是劉邦親率的那支漢軍。韓信真正和項羽正面交手，已經是項羽被困在垓下的時候，那時整個楚漢戰爭已經進入尾聲。據《史記》裡的記載，雙方第一次交手，韓信面對項羽其實是打輸了，所幸另外兩路援軍及時趕到，才扭轉了戰場局勢。最後項羽是死在漢軍大將灌嬰手裡，和韓信並沒有關係。

說韓信是項羽在戰場上的剋星，是言過其實的。像「明修棧道，暗度陳倉」、「十面埋伏」這些傳說，都是元朝以後，由說書人口口相傳流傳下來的，這些故事在史書裡都不存在。

其實在多數時候，歷史就是那麼無趣，像電影裡那樣跌宕起伏、懸念叢生的橋段，在現實中不能說沒有，但終歸是少之又少。瞭解了這些，我們才能搞清楚韓信人生悲劇的問題真正出在哪。

韓信是漢軍當中的優秀將領，但是並沒有「優秀」到無可替代的程度。相對於打仗這個業務能力，韓信真正優秀的是他的獨立指揮能力。前面提到過，韓信在漢軍中最大的貢獻，是率領偏師北上開拓北方根據地。周勃、灌嬰、樊噲這些人相當於總公司的部門高管，而韓信則是外地分公司的主管經理，他的能力沒有稀缺到可遇不可求的地步。

以手裡的資源來說，像張良、酈食其這些人，都屬帶資入股，人家手裡掌握著大量人脈和訊息，而韓信是沒落貴族出身，投軍之前連吃飯都成問題，到劉邦這裡時，是獨自一個人，自然也談不上資源問題。

既沒有無可取代的個人能力，也沒有足量的資源，這兩點決定了韓信在面對劉邦這個老闆時，在議價權上，天然是不怎麼有底氣的。其實在大部分時候，能夠支撐起員工對高層議價權的，正是能力和資源這兩點，而相對來說，後者的權重往往還要更大一些。譬如《軍師聯盟》中曹操的謀士荀彧，在真實歷史中，真正支撐荀彧地位的，其實是他們家族在當地士族中的深厚人脈。

直到如今，眾多企業在人事任用上，也往往會考慮這一點。當你發現有人憑藉家庭出身或是過去的經歷而獲得更好的待遇時，我們只能說，這的確讓人很無奈，但又的確有其合理性。

最初，韓信在項羽帳下因為不得志，於是跳槽到劉邦這邊。因為漢承秦制，所以從制度上說，劉邦陣營給予底層員工的上升空間要更大。據《史記》記載，韓信先是得到夏侯嬰的舉薦，做了負責後勤管理的一個中層，緊接著又得到了蕭何的舉薦。蕭何是文官，對打仗並沒有多少瞭解，而韓信所要謀求的職位是軍事主官，在此之前他還從沒參與指揮過任何戰鬥。這事，就好比一個經管專業的教授，推薦一個校管理科的科長去電腦學院任教講課一樣，怎麼想都讓人覺得不靠譜。

而且更不靠譜的是，按照司馬遷的說法，韓信在劉邦這邊，入職沒幾天就做到了中層，但還是感覺升職太慢了，於是又要離職，結果就有了蕭何月下追韓信。再然後，劉邦立馬封壇拜將，讓韓信做了大將軍。但問題是，漢軍當時，其實根本沒有「大將軍」這個職務，而且按照史書記載，在封壇拜將以後，指揮打仗的其實還是劉邦，韓信真正上戰場，那是一年以後的事，這顯然是不合邏輯的。

合理推想一下，其實最可能的情況是，蕭何確實起到了牽線搭橋的作用，但韓信能成為漢軍的高級將領，肯定還是要經過和劉邦的長期磨合。這也就解釋了為什麼韓信在漢軍中嶄露頭角，是在他入職一年多以後。那種僅憑一夜長談，就能讓老大直接把你提拔到CEO位置的傳說，從古到今，都僅僅是傳說而已。按理說，這個升遷速度即便是在戰爭時期，也已經是非常快了。但如果說韓信還是感覺不滿，甚至萌生去意，那還真有可能，這一點我們後面會細說。

真正讓局面發生扭轉的契機，是前面提到過的，劉邦在戰略上冒進，在彭城被項羽擊敗、全線潰敗的時候。當時，韓信獨自收攏了一部分潰散的漢軍，把他們重新組織以後，頂住了追擊而來的楚軍前鋒部隊，為灌嬰所率領的騎兵投入戰場爭取了寶貴的時間。有了這一次能力的展示，韓信獲得了上升的機會，並最終成為領軍大將，率領偏師獨自北上。

韓信率軍打的都是一些二三流的對手，比如魏國、趙國、燕國、齊國，這些諸侯國在秦亡、天下大亂時紛紛復辟，但早已不復戰國時代的景象。從本質上來說，他們不是什麼貴族，就是一群地頭蛇而已。打掉他們，從技術難度上來說並不算太難，但真正的問題出在「勢」的改變上。

前期，基本都是韓信打下一個地盤，後方就派人來接管一個，可是打到齊國問題就來了。齊國自古就富庶，誰得到它，在經濟上都有獨立建國的可能性，而且這裡所處的位置，恰恰是在項羽的後方。此時楚漢戰爭已經到了最後的戰略決戰階段。

這幾個因素疊加在一起，韓信手中的議價權一下子多了起來。如果這個時候韓信背叛劉邦，那麼即便劉邦斷了韓信的後勤補給，靠齊國當地的資源，韓信依然可以維持手裡的軍隊。而且一旦韓信選擇和項羽結盟，那麼項羽就會從腹背受敵的狀態解脫出來，雖然說實力總體上還是漢更強，但戰場上的態勢依然可能扭轉。

韓信也意識到了這點，於是托使臣給劉邦捎信，要求封自己為齊王。在他看來，這是最穩妥的變現途徑。就算他反水，也並不能改變漢強楚弱的基本格局，頂多是增加了歷史發展的變數，但最終會如何，誰也說不好。他想，不如借這個機會要求劉邦封自己為王，這樣更穩妥、更實惠。

而劉邦也的確如韓信所想，封了韓信為齊王。韓信在齊地有完全的決斷權，和總公司之間的隸屬關係也開始迅速弱化。韓信並沒有意識到，他手中的議價權並非是基於自己的能力或是資源，而是基於他的「勢」變強了。「勢」是會變化的，這意味他手中的議價權也是可以貶值的。

打下齊國，原本應該是韓信的職務行為，完成任務之後，封賞自然是少不了的，但他主動請封齊王，這件事的性質就完全變了，說好聽了叫順勢而上，說不好聽了，就叫「趁火打劫」。無論後面韓信如何表忠心，但是他背叛者的形象已經在劉邦君臣的眼中確立了。韓信的悲劇命運，從此就算是埋下了。

對今人來說，提高自身面對上級的議價權，這是無可厚非的事，但是在途徑上，議價的正道應該是提高個人能力和拓展自身資源。如果僅僅因為一時的態勢改變，讓你手中有了更多的議價權，這個時候，還是謹慎為好。

韓信這一輩子，作死的例子遠不只這一次。

心態也是智慧的一部分

前段時間，人類棋手對戰人工智慧「阿爾法狗」的新聞，曾經熱過好一陣子。如果把人和電腦、手機加以比對，人的知識儲備就好比是硬盤裡的數據和文件；邏輯思維能力、判斷力，好比是CPU；記憶力則好比是內存。

相比之下，電腦沒有而我們有的是情緒和性格，這可能既是人類最大的優勢，也是最大的劣勢……

拿韓信來說，做為兩千年前的一位高級軍事主官，韓信的軍事素養或者說是業務能力，雖沒有傳說中那樣神，但肯定算得上是十分優秀。亂世往往是能人輩出、將星雲集的時候，像灌嬰、曹參、周勃這些將領，都是從劉邦起兵開始，一直到滅楚立漢，從頭到尾打了通關的，而韓信則是半道才加入的，就功績和能力而言，這些人最起碼和韓信處於同一重量級的。蕭何、陳平、張良，這些人的功績和影響力都遠大於韓信。這些人都得以善終，唯獨韓信死於非命，所以所謂「功高震主、兔死狗烹」的說法，細琢磨的話，其實是站不住腳的。

真正的問題恰恰是出在韓信的性格或者說心態上。

關於這一點，我們從韓信早年的一些瑣事就可以窺得一二。

像韓信這樣的大才，一旦出生於底層，往往會面臨一個比較尷尬的問題，他們有遠遠超乎常人的見識和智慧，卻沒有像普通人那樣的生存能力。屠龍之技，在龍出現之前是養活不了你的。而在韓信所處的秦代，還沒有單純靠著書立說就能謀生的途徑，而他家裡也沒什麼可以依靠的親戚，所以年輕時候的韓信過得比較慘，有一段時間只能到處蹭飯為生。

有兩個我們大家都熟知的典故，「漂母乞食」和「胯下之辱」，它們就是韓信在那個時候悲催生活的寫照。「胯下之辱」因為盡人皆知，這裡就不再展開說了，單來說說「漂母乞食」。

韓信有一段時間天天在他們的亭長家蹭飯，這一蹭就是好幾個月，每天一到飯點兒準時就來。他總這樣白吃白喝，擱誰身上都不樂意，時間一長，亭長的老婆乾脆每天天不亮就起火做飯，全家人吃完了再繼續睡回籠覺。

撲了幾次空之後，韓信終於意識到是怎麼回事了。《史記》裡的說法是「信亦知其意，怒，竟絕去」，翻譯成白話就是：韓信毛了，再也不去了。後面他一個人去城外，想靠釣魚謀生，結果魚一條沒釣著，在河邊洗衣服的大媽施捨他一頓飯，才沒被餓死。

後來韓信功成名就，以楚王的身分回老家。富貴之後回老家顯擺一下，也是無可厚非的，可是韓信衣錦還鄉後做的幾件事，暴露出了這個人的性格缺陷。對施捨自己一餐飯的漂母，韓信送給了一千金，受人滴水之恩，當以湧泉相報，這沒問題，可是對養了自己好幾個月的亭長，韓信給了人家一百錢，算是那段時間的伙食費。兩相比較之下，對後者就是赤裸裸的羞辱。

從這件小事來看，韓信的處世哲學是非常糟糕的。在兩千多年前的農耕時代，對於普通人家來說，家裡多一口人吃飯也是一個不小的負擔，亭長一家能讓韓信蹭好幾個月的飯，著實不是一件容易的事，即便擱在現在，估計也沒幾個人樂意。雖說最後這件事有始無終，但善舉終歸是善舉，更何況亭長家為此連作息時間都改了，為的就是給兩邊都保持一份面子。

都已經做到這個份上，亭長也算是盡到了本分，韓信若是不再糾結這件事，倒也無妨。但是拿出一百錢來羞辱人家，這就做得非常過分了。這種性格說好聽點叫以自我為中心，往難聽裡說就是不知好歹，甚至想得更壞一點，對漂母一飯報以千金這個行為，本身也是為了羞辱亭長而做的。

比這件事更不可思議的是，韓信竟然把當初當街羞辱自己，讓他鑽褲襠的那個無賴，提拔成了中尉——差不多相當於現在的市公安局局長。於公而言，你僅憑個人好惡，就把國家暴力機關隨隨便便交到地痞流氓手裡，這恐怕就不只是對權力的小小任性吧？

於私而言，孔子曰：「以德報怨，何以報德？以直報怨，以德報德。」韓信這種所謂的以德報怨，說白了就是一種沽名釣譽式的表演，對比用百錢來羞辱養了他幾個月的亭長，這種做法說是下賤都不為過。更何況，你還是在用國家公器表演，代價是鄉里百姓未來多年的太平日子。只能說，這兩件事辦得是一無公心，二無私德。再考慮到韓信從齊王變成楚王，其實是劉邦刻意打壓的結果，這個時候正處於「以觀後效」的階段，所以他這麼肆意妄為更是沒有智慧。

韓信身上有貴族血統，在軍事方面又的確有著不錯的天賦，這兩個因素與他早年糟糕的社會境遇疊加在一起，於是他最終形成了一套害人害己的處世哲學。有本事的人，多多少少會有那麼點孤傲，但是萬事有度，一旦過度，就會造成一個人性格的扭曲。

我們不得不說，才華和智慧並不是一回事。韓信有才華，但是他的智慧顯然支撐不起這份才華。身懷大才卻又社會地位低下，這使得他非常需要獲得別人的承認，另一方面，這又造成了他的極度自負和以自我為中心。所以在他看來，在一個非親非故的亭長家裡白吃白喝是他應得的，你不讓他吃反倒是不仁不義。

這個世界上，人們從來不會因為你有才華而理所應當高看你、厚待你，非功不賞才是我們應該遵循的原則和社會運行的基本常態。才華僅僅意味著你有條件立功。說得再通俗點就是，人家給你什麼，不是因為你有能力，而是因為你的能力能夠換來別人需要的東西。而韓信徹頭徹尾偏偏沒有意識到這個問題。

至於讓侮辱自己的無賴做官，這種心態其實也不新鮮。好些草根出身的人在富貴之後，往往也會回老家大擺宴席，宴請那些曾經輕視乃至羞辱自己的人。說到底他們還是沒有擺脫過去的弱者心態，沒有長出一顆真正的王者之心。對於羞辱自己的這些人，其實最好的態度應該是無視，而不是蹲下來俯視，你對他們多看一眼，都是對自己生命的浪費。

在這兩種心態的交織之下，韓信所做的一些事，在他自己看來並沒有什麼問題，而在他人看來，則是極其可疑的。

以請封齊王來說，漢軍攻占齊國並非韓信一人之力，真正的戰爭永遠不會像評書裡說的那樣，靠一個人的奇謀妙算就能打贏。大規模戰爭本質上就是一個大型系統工程。韓信所部剛進齊國時，面對齊楚聯軍並不占優勢，直到曹參、灌嬰率領的援軍趕到，戰場態勢才發生了扭轉。而且，這幾個人是平級的，不存在誰領導誰的問題。

這就好比我們舉全公司之力去做一個大項目，在進行到某個關鍵環節時，其中一個部門經理突然向董事會提出要給自己升職、加薪，還得有乾股，否則自己就撂挑子讓整個項目陪葬，這並不是以功討賞，這叫「趁火打劫」。任何一個頭腦清醒的領導者，面對這樣一個高管，肯定會對其忠誠度產生懷疑。

大漢建國後，劉邦找機會罷黜了韓信的齊王，改封他為楚王。如此，讓他從自己原先經營的老部門裡出來，換到一個新地方，其實還是為了削弱韓信的權力。如果韓信當時的眼界能夠大一些，其實很容易就能看清當時的局面：天下初定，民間十室九空，百姓多半家徒四壁，整個國家都亟待休養生息。如此薄弱的經濟基礎，根本養活不了那麼多功臣勳貴、異姓王。

皇帝是天下之主，不負功臣，就要負百姓。這種局面下，不論誰做皇帝，不論他是不是薄德寡恩，最終都只能是一個選擇——甯負功臣，不負天下，否則用不了幾年天下還得大亂，到時候大家誰也跑不了。無須再考慮其他因素，單憑這一條，就意味著削藩和廢異姓王，必然是漢帝國的大勢所趨。

然而韓信對此卻渾然不覺，依然保持著他的迷之自信和肆意妄為。封一個無賴做市公安局局長，禍害的好歹還只是一個市，可之後他竟然又私自收留了前楚國大將、正被長安通緝的甲級戰犯鍾離昧。長安幾次要人，身為楚王的韓信都給頂了回去。

事情到這一步，就已經不是不依法行政的問題了，而是在公然對抗中央政府的權威。在韓信眼裡，這件事其實就和他用百錢羞辱那個亭長一樣，就是洩私憤。而對身在長安的劉邦君臣而言，這意味著韓信在招降納叛，這是要反的前兆，逼得劉邦不得不親自南下視察韓信的楚地。

韓信一看事鬧大了，立馬慌了神，直接把鍾離眛殺了，帶著他的人頭去見皇帝。如此，在旁人看來，這種死無對證的局面反倒更讓人起疑。借著這件事，劉邦下令奪去了韓信的王位，改封為淮陰侯。這裡我們需要說明的是，同一時期，蕭何、陳平、張良、曹參、灌嬰、樊噲這些劉邦的功臣和嫡系，他們最高的爵位不過是侯爵。所以劉邦這次對韓信的處置，其實還是很克制的。韓信雖然沒了實際權力，但是榮譽、地位、財富還都是保留的。

韓信被處分之後，曾去舞陽侯樊噲府上做客。當時樊噲是漢朝左丞相外加劉邦的妹夫，他對正在走背字的韓信依然待之以王侯之禮。可是，當樊噲前腳剛客客氣氣把他送出大門，韓信就來了一句「我這輩子竟然落得和樊噲這幫人為伍」。居然連說話的基本禮節都不講究了！於公於私，樊噲和韓信之間並沒有什麼利害衝突。人家也沒得罪你，沒必要看誰不順眼就「懟」誰吧。

而最終把韓信送上斷頭臺的，是與他素來交好的陳豨。陳豨突然發動叛亂，劉邦當時恰好領兵在外，長安城處於極度空虛的狀態。這種情況下，韓信在呂后和丞相蕭何眼裡，就成了一顆隨時可能爆炸的不定時炸彈。在此之前韓信種種讓人生疑的舉動，必然會再次浮現在他們的腦海裡。這顆炸彈一旦炸了，則天下都可能要跟著大亂。到這一步，韓信自然是必死無疑，這和他當時心裡究竟是怎麼想的，沒有一點關係。

其實說到底，性格和心態本質上同樣是智慧的一部分。

黃老之術

「不勞心」的智慧

如今研究「國學」的都知道這麼一個概念——黃老之術。這個學說是從漢高祖劉邦開始比較推崇，歷經呂后專權、文帝、景帝幾代被發揚光大的。但是到了漢武帝時期，這套理論就不再受皇帝待見了。我們這裡要討論的並不是這套學說本身，而是它背後的一些東西。

把黃老之術落實在政策層面，簡單概括就是倆字：無為，三個字就是：不勞心。當時的西漢中央政府要做的事就是休養生息，儘量什麼也不干預。

西漢的政治體制是「一國兩制」，函谷關以西，延續秦朝時的郡縣制，算是中央政府的自留地；函谷關以東，就是封國制了，封王們在封地有官員任免權、收稅權甚至武裝力量。

那段時期基本也不上馬什麼大的基建項目，財政支出少，財政收入自然也就不需要太多，對老百姓保持低稅率。漢高祖劉邦時期，農業稅的稅率是「十五稅一」，文景兩代皇帝進一步降到了「三十取一」，這是一個什麼概念呢？用現在的話說，就是從事實體經濟的個稅最高也就繳到3.3％，這也是中國古代稅率最低的時期。文帝時代還進一步廢除了過關用傳制度，也就是商品跨地區運輸，不再需要政府批文了。

對外，面對不斷襲擾西北地區的匈奴人，政府採取的是和親政策，就是用錢和女人來買太平。

漢朝皇帝對自己同樣是不怎麼折騰，漢高祖劉邦修了未央宮和長樂宮以後，長安的首都圈基本就沒怎麼變過，到了漢文帝時期，宮室、儀仗隊、專車等全是從上一代繼承下來的，一點沒增加。

幾十年下來，成就了歷史書裡著名的「文景之治」。一般的史學界的說法，這是西漢王朝無為而治的結果，這個說法不算錯，但也肯定不全面。

其實無為而治並不新鮮，拿現代企業打個比方，一個企業在經歷了上升期以後，在市場上有了自己的一席之地，這時候只要保證資金鏈穩定、上下游穩定、內部人員穩定，基本就可以無為而治了，那些為改而改的所謂的改革、企業文化，其實都是毫無必要的，無為而治的大前提是企業已經完成了上升期。

所以說，這種「無為」不是無條件的。兩千多年前，西漢王朝的建立一個比較特殊的地方在於，在它之前還有個秦朝。大秦帝國用了十四年的時間，打擊了地方豪強，興建了遍佈全國的道路基礎設施、水利設施，修了長城，順便把各地大族、有錢人大部分遷居到了關中，也就是秦漢時代的首都圈，讓這裡的經濟總量對其他地區形成絕對優勢，除此以外，秦朝還給漢朝留下了一套完整成熟的法律體系……

一個統一國家的基本框架已經完全建成了，而秦始皇一家把能得罪的勢力也統統得罪了。因為一系列國家的超級工程密集上馬，大幹快幹，導致國家消費不足、投資過熱，最終財政崩潰，秦朝滅亡。漢朝開國之後，通過秦的教訓，從劉邦開始，幾代皇帝都形成了這樣一個認知：既得利益集團是國家的大患，但是硬「懟」利益集團，也是一件很危險的事。

我們知道，從春秋戰國時代開始，各個諸侯國都熱衷於變法，也就是改革。雖然各國變法的路徑不一樣，但是基本目標都是那幾個：強化中央集權、打壓貴族利益集團、培養壯大平民中產階層。說白了就是重新分蛋糕，讓更多的人能夠收益，這樣大家才會跟著國君一起打仗，國家才能在戰國亂世裡生存下來。

因為正處亂世，能夠給一個國家安安靜靜做內部調整的時間並不算多，所以當時的變法都比較著急，想力爭在一代人的時間裡一蹴而就，結果往往招致既得利益階層的集體反撲，最終導致改革措施要麼大為縮水，要麼徹底失敗。四百年的時間裡，最後真正完全成功的只有秦國一家，所以最後是秦統一了天下。

這段歷史，漢朝歷代皇帝們是看在眼裡記在心上的，他們非常清楚，在戰場上把項羽弄死不難，但是要動既得利益集團盤子裡的蛋糕，卻是難上加難。

所以，自劉邦開始，漢朝的政策就是進三退二——秦朝進三步、漢朝退二步。無論是「一國兩制」，還是低稅率，本質上都是在給既得利益集團讓利。秦始皇打了他們一棒子，漢朝給了他們一個甜棗，於是利益集團就可以和中央之間暫時相安無事。兩邊不鬥了，老百姓也就不會受到殃及，於是就可以安心種地，國家經濟就可以休養生息。中央政府最大限度地利用前朝遺產，抑制皇室的開銷，減少財政支出，民間的稅收負擔自然也就跟著可以減輕。

所謂漢承秦制，漢朝繼承的不只是秦朝的法律制度，同時也包括秦的國家建設成果，所以如今我們總是說「秦漢」，因為這兩朝代從國家傳承上說是一體的，同樣，隋唐也是這樣。

放在今天，當機構面臨改革重組的問題時，同樣需要考慮張弛有度。在第一代改革者腦子裡必須有這麼一個概念：守十方可得之六七。什麼意思呢？面對利益受損者的反彈，多數改革最終都必然要有所回調，你今天做到了十，後任才有進三退二的空間，最終才能留下六七分，而這很可能就是機構重組後的最終成果。

做為繼承者，退讓也絕非是無原則的，更不是可以一退再退的。漢朝開國之初，以函谷關為界，一國東西兩制，這就給中央集權制度保留了半壁江山，而且還是含金量最高的半壁，同時，與這套制度匹配的法律體系也被保留了下來。

西漢開國幾代皇帝的「無為」，說到底也只是「為」得不太明顯而已。漢文帝時期，距離漢朝開國已經好幾十年了，跟著劉邦的那一批元老因為年齡的關係，影響力已經開始下降了，於是漢文帝抓住機會，軟硬兼施，把老一代的功臣遷出了長安。這樣一來，皇帝就擺脫了這些元老大臣的掣肘。否則他們都是漢文帝他爹那一輩的，一旦擺起資歷來，即便你是皇帝也得讓人家三分。如此這般，漢文帝就趕在勳貴集團的年輕一代徹底成勢之前，削弱了一支既得利益集團。

劉邦時代開始的低稅率政策不光使老百姓受益，最大的獲利者還是地方上的豪強。低稅收使得這些富人迅速積累起大量的財富，他們開始瘋狂兼併土地，甚至私自鑄錢發行貨幣，這基本就是奔著做土皇帝去的。所以在文帝、景帝兩代，通過嚴打的方式打掉了不少不法豪強。同時，通過國家政策向平民階層傾斜，進一步保證豪強不至於做得太大。

到了漢景帝時代，漢朝中央政府開始進一步削弱諸侯的權力。雖然說中間出了「七國之亂」，逼著漢景帝不得已殺了晁錯，但是這在某種程度上加速了中央政府削藩。函谷關以東封國，在行政級別上降到了郡一級，面積也大為減少。封國內官員的任免權、司法權和商業稅等權力，也逐一被中央政府收回。

我們說了一圈，這些舉措和戰國時代諸侯國的變法，在本質上是一樣的。但是對比戰國時代，漢朝這些政策推進的順利程度就要強太多了。究其根由，一是之前有秦朝十四年高壓政策墊底兒；二則是漢朝初期雖然朝廷也是內憂外患，但環境的惡劣程度比起戰國時代還是要好太多，外部壓力小，很多事就沒必要集中起來一蹴而就。從劉邦到漢文帝、漢景帝，其實都在推進中央集權和打壓既得利益階層，只不過他們把這個過程分解得非常細碎，每個時間段裡只會集中力量推進一兩個政策，這樣引起的反彈小，而中央政府也可以集中精力去推，時間成了降低難度最好的稀釋劑。

這種小碎步的模式，看似容易，但是得有一個至關重要的要素，就是政策必須有連續性。漢朝這種看似無為實則大有為的政策，從劉邦到漢景帝延續了三代君王，到漢武帝時，才最終一舉完成，徹底結束了無為而治的時代。秦國的變法是秦孝公一代完成的，可是從他往後一直到秦始皇，七代君王始終頂著既得利益階層反彈的壓力，這也是政策的高度延續。

一個國家也好，一個企業、一個團隊也好，如果無法維持這種政策的延續性，那麼任何看似非常美好的改革方案，最終都只能是一張畫上的餅。

如果對秦漢時代做一個總結，可以這麼概括：一次成功的改組，肯定得有人做「惡人」才行，這樣才能為後來者留出餘地。而做為後來者，絕不能抱著摘桃子的心態，肆意揮霍前任的成果。退讓妥協可以，但絕不能無原則地退讓，而且這種退讓，日後還是要慢慢找補回來的，這就需要政策可以在幾代領導者之間連續下去。

說到底，改革絕不是一件易事。

尾聲

對於我們普通人，歷史究竟意味著什麼？當然，我們完全可以把它當成一種豐富談資、提升個人形象的裝飾品，或者乾脆就是個人消遣。但是如果你還有更高的追求，那麼歷史對我們的意義將是非同尋常的。

在如今這樣一個網路高度發達的時代，人們永遠都不會缺乏訊息，我們經常處在一個訊息過度的狀態。面對紛繁複雜的新聞、熱點事件，我們會發現，我們的判斷力其實並沒有得到根本性的提升，相反，看得太多，反倒讓我們沒有更多時間去思考。

這個時候，暫時停下來，把那些新聞熱點暫時擱置在一邊，我們去梳理一些年代久遠的事情，反倒可以讓頭腦恢復清醒和冷靜。而這些能使人清醒的東西，就叫「歷史」。

從史前一萬年到現在，人的生理構造其實並沒有發生多大的改變，這意味著我們身上有著和老祖宗差不多的需求和欲望。因為這個原因，事實上，權力、經濟乃至人際交往的基本原則，從古到今並沒有什麼根本的區別，或者可以說，歷史上從沒有過多少「新鮮事」。

相對於那些發生在我們身邊的幾週以前的新聞熱點事件，顯然在看待幾百幾千年前的事情時，人們更容易保持超然的心態。這也就意味著，我們在看歷史時，更容易總結出對我們有用的基本原則和基本規律。歷史最大的價值就在這裡。

一段歷史，無論其本身是黑暗還是光明，都不影響其中的智慧含量。對於歷史，正確的態度既不是戲謔，也不是當祖宗牌位一樣頂禮膜拜，而是以一種更加技術化的角度去切入，去一步步地解剖它——王朝興，是因何而興；王朝亡，是為何而亡。真正有價值的歷史，其實就像是一份份的王朝驗屍報告和病理分析報告。

知識不等於智慧，知識有書籍做為載體，我們只要肯去學，掌握某一領域的知識並非難事，而智慧則不然，它永遠都只可能存在於一個個的具體事件當中，需要我們自己去總結。知識就好比錄入電腦的各種數據，智慧相當於這台電腦的CPU，而人，就是這台電腦。

在一次次對歷史的解剖中，我相信智慧會在不知不覺間慢慢地滲入我們的頭腦。

國家圖書館出版品預行編目資料

權力密碼：當歷史遇見經濟學 / 王偉 著 -- 初版. -- 臺北市：平安文化, 2019.12 面 ;公分. --

（平安叢書；第645種)(知史；15)

ISBN 978-957-9314-43-5 (平裝)

610.9　　108018794

平安叢書第0645種
知史 15

權力密碼

當歷史遇見經濟學

作　　者—王　偉
發 行 人—平　雲
出版發行—平安文化有限公司
台北市敦化北路120巷50號
電話◎02-27168888
郵撥帳號◎18420815號
皇冠出版社(香港)有限公司
香港上環文咸東街50號寶恒商業中心
23樓2301-3室
電話◎2529-1778　傳真◎2527-0904
總 編 輯—龔橞甄
責任編輯—平　靜
美術設計—嚴昱琳
著作完成日期—2018年
初版一刷日期—2019年12月

法律顧問—王惠光律師

如有破損或裝訂錯誤，請寄回本社更換
讀者服務傳真專線◎02-27150507
電腦編號◎551015
ISBN◎978-957-9314-43-5
Printed in Taiwan
本書定價◎新台幣300元/港幣100元